W0225298

rororo sport
Herausgegeben von Bernd Gottwald

Vom Verband
Deutscher Sporttaucher
empfohlen

Erhard Schulz

Tauchen

Das Know-how für den Unterwassersport

rororo

Rowohlt

Redaktion Katrin Helmstedt

Originalausgabe
Veröffentlicht im Rowohlt Taschenbuch Verlag GmbH,
Reinbek bei Hamburg, März 1995
Vollständig überarbeitete Neuausgabe des 1978 in der Reihe
rororo sport von Erhard Schulz erschienenen Titels
«Tauchen und Schnorcheln»
Copyright © 1978, 1995 by Rowohlt Taschenbuch Verlag GmbH,
Reinbek bei Hamburg
Umschlaggestaltung Peter Wippermann/Jürgen Kaffer
(Foto: Erhard Schulz)
Layout Angelika Weinert
Illustrationen Jochen Howe
Fotos kiel-taucher/Erhard Schulz
Satz Sabon PostScript, PM 5.0
Gesamtherstellung Clausen & Bosse, Leck
Printed in Germany
1890-ISBN 3 499 19418 X

Inhalt

Das Tauchen mit Drucklufttauchgerät im freien Wasser 135

Anhang 182

Vorwort

Dieses Buch ist gedacht als begleitende Lektüre zur *Tauchausbildung*. Es wendet sich an Lernende in einer Gruppe, in einer Tauchschule oder in einem Club. Es dient der Vertiefung einer laufenden oder bereits absolvierten Ausbildung, ist eine Hilfe für den Anfänger wie für den Fortgeschrittenen und als Leitfaden für Übungsleiter und Tauchausbilder verwendbar.
Wenn in diesem Buch von «Tauchern», «Partnern» und «Übenden» die Rede ist, dann sind immer auch Frauen und Mädchen angesprochen. Weltweit gibt es inzwischen Hunderttausende von Taucherinnen, die die Legende gekippt haben, Tauchen sei «Männersport».

Das Buch gibt Auskunft über:
- Voraussetzungen und Anforderungen bei einer Tauchausbildung
- notwendige und sinnvolle Ausrüstung
- Tauchphysiologie und -medizin
- den richtigen Umgang mit Flossen, Maske und Schnorchel in Schwimmbad und Freiwasser
- die Verständigung mittels Unterwasser-Handzeichen
- Ausbildung und Training im Tauchen mit Drucklufttauchgerät
- die Anwendung des Erlernten beim Tauchen in Meer und See
- Sicherheit beim Tauchen
- Umwelt- und Gewässerschutz im Zusammenhang mit der Ausübung dieses Sports
- Anwendung der Taucherei: Unterwasser-Fotografie und -Videofilm, Wettkampf, Archäologie, Forschungstauchen, Berufstauchen.

Die Faszination des Tauchens

«Tauchen» erlebte in den vergangenen zwanzig Jahren eine starke Verbreitung. Die Faszination dieser Sportart liegt vorrangig im Erlebnis des Schwebens in einer schweigenden, bizarren Welt. Die Möglichkeit, sich frei im dreidimensionalen Raum zu bewegen – und dies ohne «Absturzrisiko» –, berührt sicher einen Urwunsch des Menschen, das Fliegenkönnen. Die Freude am Tauchen ist undenkbar ohne das Erlebnis des Sehens. Es wird uns ermöglicht durch die Tauchmaske, die uns wie in einem Aquarium jede Einzelheit erkennen läßt.

Für viele liegt der Reiz des Tauchens in der Beobachtung der überwältigend vielfältigen Flora und Fauna der Meere oder auch in der Erwartung aufregender Abenteuer. Dann gibt es sachliche wie auch andere Motivationen. Zunächst ist das Tauchen in Anlehnung an das Schwimmen eine echte sportliche Betätigung. Diese erfordert zwar keine Höchstleistungen (Ausnahme: Wettkämpfe), bedingt aber Training zum Erwerb und zur Erhaltung von Kondition und Gewandtheit. Unterschwellig gehört dazu sicher auch der Reiz des Risikos.

Tauchen ist ein außergewöhnlicher Sport. Einordnen kann man ihn in die Gruppe der Sportarten Bergsteigen, Fliegen oder Fallschirmspringen, die sich in einem Umfeld abspielen, in welchem der Mensch nicht zu Hause ist, wo Verhaltensfehler daher gefährliche Folgen haben können.

Tauchen ist kein risikoloser Sport. Niemand kann und kaum jemand möchte ihn völlig gefahrlos betreiben. Zur Faszination des Tauchens gehört eben auch das Gefühl, etwas zu tun, was nicht jeder kann und wagt. In ein dem Menschen fremdes Medium einzudringen, vielleicht 30 oder 40 m Wasser über sich zu wissen, bleibt bei aller Popularität des Tauchsports relativ wenigen Leuten vorbehalten.

Dennoch ist Tauchen kein unverhältnismäßig gefährlicher Sport. Wie auch in anderen Sportarten liegt das eigentliche Problem in der menschlichen Unzulänglichkeit. Etwa 95 Prozent aller Unfälle beruhen auf «menschlichem Versagen». Hier wurde gravierend gegen unumstößliche physikalische Gesetze oder gegen bewährte Sicherheitsmaßnahmen verstoßen.

Ein Streifzug durch die Geschichte

Versuche des Menschen, in das Meer einzudringen, um ihm Geheimnisse zu entlocken und Schätze zu entreißen, sind bereits vor langer Zeit begonnen worden. Schon vor 2000 Jahren suchten griechische Schwamm- und Korallenfischer auf dem Meeresgrund ihre Beute. Berichtet wird auch von römischen und griechischen Kampftauchern.

Bereits seit Hunderten von Jahren betätigen sich die Eingeborenen der Südseeinseln unter Wasser als Speerfischer. Berühmt geworden sind die japanischen Perltaucherinnen, die aus Tiefen von 20 bis 30 m die Perlmuscheln heraufholen und mit dem Erlös den Lebensunterhalt der Familie sichern.

Jahrhunderte ist es auch her, als man vereinzelt begann, Männer in *Taucherglokken* in die Tiefe zu schicken. Dies sind große, an der Unterseite offene Gehäuse. In ihnen konnte sich ein Mann aufhalten und in der eingeschlossenen Luft atmen. Das Ganze wurde, entsprechend beschwert, an einem Seil in die See versenkt. Am Grund verließ der Taucher die Glocke, um kurzfristig Arbeiten in der Nähe auszuführen. War die Glocke ohne Luftversorgung von oben, dann konnten nur sehr geringe Tiefen aufgesucht werden, da der zunehmende Druck das Wasser in die Glocke drückte und bereits in 10 m Tiefe das Luftvolumen auf die Hälfte reduziert war. Anlaß für solche mehr oder weniger erfolgreichen Versuche waren meist die Schätze gesunkener Schiffe.

Sank ein Schiff und war seine Lage von der Wasseroberfläche her noch auszumachen, schickte man eine ganze Truppe von Nackttauchern hinunter. Diese erreichten ohne Tauchmaske und Flossen erstaunliche Tauchzeiten und Tiefen. Berichte sprechen von 2 Min. in 30 m! Durch ihren Einsatz gelang es relativ oft, wertvolle Ladung zu bergen.

Einen Sprung nach vorn in der Entwicklung der Taucherei gab es 1819, als der Deutsche Siebe den geschlossenen, elastischen Taucheranzug mit Kupferhelm erfand. Dies war die eigentliche Geburtsstunde des *Helmtauchers*. Mit der bereits praktizierten Luftzufuhr durch Schlauch und Pumpe von oben ergaben sich große Möglichkeiten in bezug auf Tiefe, Dauer und Schwere des Einsatzes. Da aber das Phänomen der Stickstofflösung im Blut nicht oder nur ungenügend bekannt war, kam es zu vielen schweren *Caisson-Unfällen*, die die Taucher zu Krüppeln machten bzw. deren Tod zur Folge hatten. Mit ständig verbesserter Helmtaucherausrüstung dominierte diese Art des Tauchens bis etwa 1950.

Das eigentliche *Sporttauchen* begann etwa 1930 in Frankreich. Heute sehr bekannte Männer wie Corlieu, Cousteau, Dumas und Taillez begannen damals mit behelfsmäßig angefertigten Flossen nach einer Idee Corlieus und mit Tauchermasken, aber noch ohne Atemgerät, die Küsten auf- und abzutauchen. Fasziniert von ihren neuen Möglichkeiten und Erlebnissen, schlossen sich diese Pioniere einige Jahre später zu einer Gruppe zusammen.

Bahnbrechend war 1926 die Erfindung des Franzosen Le Prieur. Er entwickelte ein Reduzierventil, setzte es auf einen mit 150 bar Preßluft gefüllten Stahlbehälter und tauchte damit an flachen Stellen der Küste. 1943 gelang Cousteau zusammen mit dem Ingenieur Gagnan die Konstruktion des ersten *Lungenautomaten* für Preßluftflaschen. Dies war die entscheidende Wende. Das freie Tauchen (Schwimmtauchen) konnte sich weltweit verbreiten.

Etwa 1935 begann Hans Hass das Tauchen mit Flossen und Maske an der französischen Mittelmeerküste. Anfang der vierziger Jahre tauchte Hass ebenfalls mit Atemgeräten, und zwar mit den gefährlichen Sauerstoff-Kreislaufgeräten. Er machte das Tauchen durch seine Expeditionen, Bücher und aufsehenerregenden Filme gerade im deutschsprachigen Raum populär und gilt, wie auch die Franzosen um Cousteau, als Pionier des Sporttauchens.

Am Anfang des Sporttauchens galten fast alle Aktivitäten der Unterwasserjagd. Allmählich entwickelten sich aber andere Tätigkeiten wie Fotografie und Film. Gleichzeitig stieg (und steigt) das Umweltbewußtsein. So kam es glücklicherweise dazu, daß die UW-Jagd heute in vielen Ländern der Erde, auch in Deutschland, verboten ist.

Das Sporttauchen ist schon lange aus den Kinderschuhen heraus. Eine immer bessere Ausrüstung und Ausbildung machen die Ausübung dieses Sports relativ sicher. Weltweit wird heute geschnorchelt und getaucht, und in einigen Ländern, wie den USA, ist daraus schon fast ein Volkssport geworden.

Die ersten Schritte zum Tauchen

Tauchen lernen heute Kinder, Jugendliche und Erwachsene. Feste Altersbegrenzungen gibt es kaum. In Kursen und Schulen ist oft ein Mindestalter von vierzehn bis sechzehn Jahren festgelegt.

Tauchen ist kein Kraftsport. Die Fähigkeit, Ruhe zu bewahren, die Bereitschaft, das Denken und Beobachten selbst zu übernehmen, sind wichtige Voraussetzungen.

Grundbedingung ist die Fähigkeit des *Schwimmens*. Wer sicher schwimmt, beherrscht nicht nur die Bewegung im Wasser, sondern besitzt sehr wahrscheinlich auch die nötige Vertrautheit mit dem Element.

Vor dem Tauchkurs muß die ärztliche Untersuchung stehen. Herz, Lunge, Kreislauf und Ohren müssen gesund sein. Augen-, Nieren-, aber z. B. auch chronische Erkältungskrankheiten schränken die Tauchtauglichkeit ein. Durchgeführt werden diese Untersuchungen von Taucher- und Sportärzten, aber auch z. B. von Internisten. Hat der Arzt keine Bedenken, dann stellt er eine *Tauchunbedenklichkeits-Bescheinigung* aus. Diese wird jeder verantwortungsbewußte Tauchlehrer vor dem Kurs sehen wollen.

Bereitschaft wird von den Schülern erwartet in bezug auf Kooperation mit der Gruppe, Erlernen der notwendigen Theorie, Befolgung der Anweisungen der Tauchausbilder. Toleranz bei Abweichungen vom Programm gerade beim Unterricht am Meer ist notwendig.
Die Möglichkeiten, das Tauchen zu erlernen, sind zahlreich geworden. Grundsätzliche Unterschiede gibt es zwischen der Ausbildung in einer Tauchschule am Meer und z. B. dem Kurs in einem Tauchclub in der Stadt. *Tauchschulen* bieten sehr oft die Möglichkeit, die Ausbildung mit dem gesuchten Urlaubserlebnis zu verbinden. *Tauchclubs* dagegen praktizieren in aller Regel eine Schulung, die sich auf die Vermittlung der Fertigkeiten und Kenntnisse konzentriert, meist im Schwimmbad stattfindet und daher weniger Erlebnischarakter hat. Dafür ist solch ein Kurs oft wesentlich preisgünstiger und nicht so zeitgebunden.
Hinweise zu Tauchschulen am Meer: Leiter dieser Schulen sind «selbsternannte» oder von nationalen Verbänden geprüfte Tauchlehrer. Daß weniger qualifizierte Kräfte eher in der erstgenannten Gruppe zu finden sind, dürfte einleuchten. Die technische Ausstattung ist ausreichend, sehr oft gut. Tauchanzüge gehören fast immer zu der zur Verfügung gestellten Ausrüstung. Mindestens ein seetüchtiges Boot kennzeichnet die gute Tauchschule, denn dieses ist für einen sicheren Betrieb einfach notwendig. Ein großes Plus ist die *Dekompressionskammer*. Das ist ein Gerät, in dem ein nach zu schnellem Aufstieg verunfallter Taucher wieder unter Druck gesetzt und behandelt wird.
Getaucht wird meist in Gruppen von zwei bis vier Schülern. Ein Ausbilder, der mit fünf oder mehr Anfängern im freien Wasser taucht, handelt leichtfertig.
Viel Erfolg haben oft jene Schulen, die sich nicht nur um die Taucherei kümmern, sondern sich auch nach dem Tauchen für den Gast interessieren.
Meist wird in Deutschland der Kurs eines Tauchclubs im Schwimmbad beginnen. Vorteil: Ausbildung bei jedem Wetter.

Klären sollte man vor der Anmeldung:
- Hat der Verein vom Verband geprüfte Tauchlehrer?
- Ist das Bad wenigstens 3 m tief?
- Steht eine abgeteilte Bahn des Bads zur Verfügung, so daß der praktische Unterricht ungestört von anderen Schwimmern oder Tauchern vor sich geht?
- Besteht die Möglichkeit zur weiteren Ausbildung im Freiwasser?
- Für einen Tauchkurs sollten mindestens acht Stunden Praxis, einhergehend mit der gleichen Stundenzahl intensiven theoretischen Unterrichts, angesetzt werden.
- Ein Tauchlehrer sollte bei der Hallenausbildung nicht mehr als sechs Schüler betreuen.

Wissenswertes zum Tauchen

Physikalische Gesetze

In diesem Kapitel geht es um die Vermittlung der Kenntnisse über die Vorgänge, die sich bei jedem Tauchversuch vollziehen und deren Beachtung für das sichere Tauchen auch mit Flossen, Maske, Schnorchel (ABC-Ausrüstung) wichtig ist.
Tauchen ist nur dann ein gefährlicher Sport, wenn der Ausübende keine Kenntnisse der Physiologie besitzt und/oder beim praktischen Tauchen glaubt, sich über Regeln und physikalische Gesetzmäßigkeiten hinwegsetzen zu können.
Die Kraft des Wasserdrucks übersteigt jede Vorstellung. Dennoch kann seine gefährliche Wirkung auf den Körper erst dann einsetzen, wenn der Mensch, bewußt oder unbewußt, die einfache Formel ignoriert: Druck fordert entsprechenden Gegendruck.
Druckdifferenzen beim Ab- und Auftauchen, die auf den Körper wirken, ergeben die meisten Probleme. Diese Druckdifferenzen sind nur deshalb möglich, weil es in unserem Körper luftgefüllte Hohlräume gibt. Luft ist ein Gasgemisch. Und darin liegt das Kernproblem. Denn Gase sind kompressibel, also zusammenpreßbar. Beim Tauchen haben wir es also mit dem inkompressiblen (druckfesten) Wasser auf der einen und der kompressiblen Luft auf der anderen Seite zu tun.
Druck ist die Kraft einer Last, die auf eine Fläche wirkt. Wir messen den Druck in *bar*; das ist eine meteorologische Druckeinheit. 1 bar ist gleich der Last von 1,01972 Kilopond (kp) auf einer Fläche von 1 cm^2. Der Einfachheit wegen rechnen wir: 1 bar = 1 kp pro cm^2.
Wichtig ist bei allen Überlegungen und Berechnungen im Zusammenhang mit dem Tauchen die Tatsache, daß, in Meeresspiegelhöhe gemessen, die über uns befindliche Luftsäule bereits einen Druck von 1 bar ausübt. Diesem erheblichen Druck sind wir als Erdbewohner ständig ausgesetzt. Wir spüren ihn nicht, da dieser Druck allseitig wirkt und im Inneren unseres Körpers ein Druckausgleich herrscht. Spürbar wird dagegen eine Druckänderung, wenn sie relativ rasch er-

folgt. Das trifft über Wasser zum Beispiel bei Autofahrten im Gebirge oder bei Benutzung eines Flugzeugs zu. Auswirkungen sind: Schmerzen im Ohrbereich, wenn der veränderte, auf dem Trommelfell lastende Luftdruck nicht mit dem im Mittelohr herrschenden Druck ausgeglichen wird.
Für den Taucher bedeutet der Ab- und Aufstieg im Wasser eine sehr starke Druckveränderung innerhalb weniger Meter und damit auch oft innerhalb weniger Sekunden. Wasser hat die circa 800fache Dichte von Luft. Ein Würfel von 1 cm^3 Süßwasser wiegt 1 g. Eine Wassersäule von 10 m Höhe und 1 cm^2 Querschnitt ergibt 1000 cm^3 (= 1 Liter) und damit 1 kp Last auf einen Quadratzentimeter. Die Gleichung lautet 1 kp Last pro cm^2 = 1 bar. Damit erhöht sich also der Wasserdruck pro 10 m Tiefe um 1 bar.

Wie hoch ist nun der absolute Druck in einer bestimmten Tiefe? – Die Wasseroberfläche ist bereits dem Luftdruck von 1 bar ausgesetzt. Der Wasserdruck ist daher in jeder beliebigen Tiefe praktisch mit 1 bar vorbelastet, also um 1 bar höher. So erklärt sich die folgende Tabelle.
Bei dieser Tabelle fällt auf, daß sich die schnellste Druckveränderung innerhalb der ersten 10 m abspielt.
Also: Verdoppelung des Drucks in 10 m Wassertiefe.
Nächste Verdoppelung des Drucks in 30 m Wassertiefe.
Danach Verdoppelung des Drucks in 70 m Wassertiefe usw.

In entsprechender Relation vollzieht sich die Druckabnahme. (Die Druckabnahme ist bezüglich denkbarer Schädigungen beim Sporttauchen gefährlicher als der Druckanstieg.)

Wassertiefe	Druck	
0 m (Oberfläche)	1 bar	Innerhalb der Zone 0 bis 10 m Verdoppelung bzw. Halbierung des Drucks = gefährlichste Zone
1 m	1,1 bar	
5 m	1,5 bar	
10 m	2 bar	
15 m	2,5 bar	
20 m	3 bar	
30 m	4 bar	
40 m	5 bar	
50 m	6 bar	
60 m	7 bar	
70 m	8 bar	

Merke: Die Zone von 0 bis 10 bzw. 10 bis 0 ist der Bereich, in dem die Nichtbeachtung der physikalischen Gesetze am ehesten zu Schädigungen durch Druckdifferenzen führt. Diese Schädigungen nennt man *Barotraumen.*

Bei der Wirkung des Wasserdrucks auf unseren Körper müssen wir unterscheiden zwischen der direkten (Sofort-)Wirkung und der indirekten Wirkung des Drucks auf dem Umweg über die Löslichkeit von Gasen im Blut. Letzteres werden wir in einem späteren Kapitel untersuchen.

Um diese direkten Auswirkungen des Wasserdrucks bzw. die daraus folgenden notwendigen Konsequenzen besser zu verstehen, wenden wir uns zunächst der Gesetzmäßigkeit der *Kompressibilität* von Gasen zu. Es ist nämlich durchaus berechenbar:

1. wie weit die Atemluft unter ansteigendem und abfallendem Umgebungsdruck zusammengepreßt (komprimiert) und ausgedehnt (expandiert) wird, also wie weit sich das Luftvolumen verändert;
2. wie weit der Druck der Luft erhöht oder gesenkt werden muß, um eben die unter (1) beschriebene Volumenänderung zu vermeiden.

Das *Boyle-Mariottesche Gesetz* erklärt die Gesetzmäßigkeit der Beziehung zwischen Druck und Gasvolumen so:

Bei gleichbleibender Temperatur verhält sich das Volumen eines Gases im umgekehrten Verhältnis zu seinem Druck.

In einer Formel ausgedrückt:

$p \cdot V = \text{constant}$ oder $p_1 \cdot V_1 = p_2 \cdot V_2$

(p = Druck, V = Volumen)

Das Produkt aus den Werten Volumen und Druck ist immer gleich.

Beispiele (vgl. Abb. Seite 18): Ein an der Wasseroberfläche mit Luft gefüllter Ballon (unserer Lunge vergleichbar) hat eine Größe bzw. ein Volumen von 6 l. Ein Taucher bringt ihn auf 10 m Tiefe. Ergebnis: Durch den dort herrschenden Umgebungsdruck von 2 bar wird der Ballon bzw. sein Gas auf eine Größe von 3 l komprimiert.

Wie ist das Volumen dieses Ballons nun in 20, 30 m Tiefe? Das errechnet sich so:

Anfangs-volumen	Tiefe	Druck	(Rechen vorgang) neues Volumen	Immer konstant p · V
6 l	0 m	1 bar	6 l : 1 bar = 6 l	1 · 6 = 6
6 l	10 m	2 bar	6 l : 2 bar = 3 l	2 · 3 = 6
6 l	20 m	3 bar	6 l : 3 bar = 2 l	3 · 2 = 6
6 l	30 m	4 bar	6 l : 4 bar = 1,5 l	4 · 1,5 – 6
usw.				

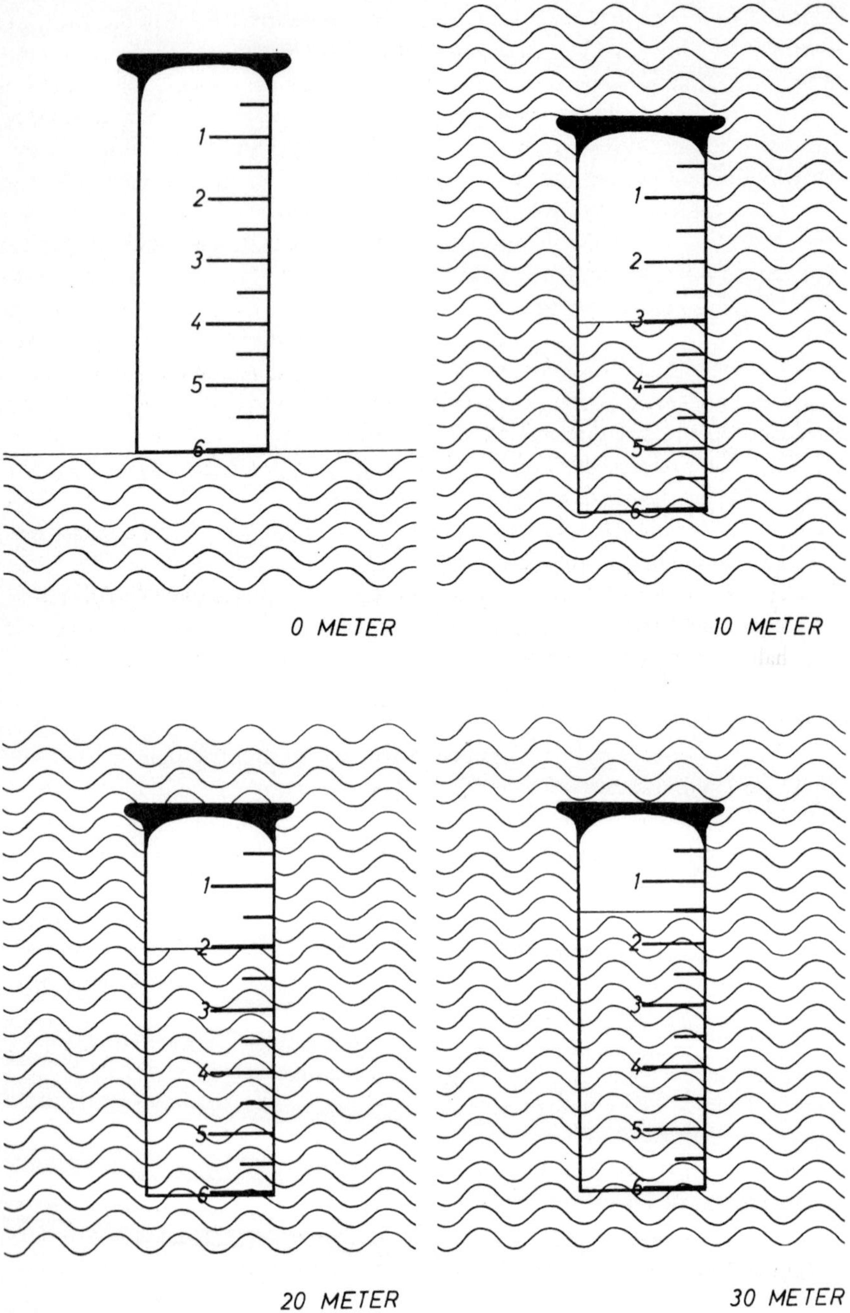
1
2
3
4
5
6
0 METER
1
2
3
4
5
6
10 METER
1
2
3
4
5
6
20 METER
1
2
3
4
5
6
30 METER

Dieses Beispiel soll die Beeinflussung unseres Lungenvolumens beim Abtauchen verdeutlichen, wenn dabei kein Atemgerät benutzt wird.
Wenn nun aber unter allen Umständen eine Volumenabnahme des Ballons beim Tiefergehen vermieden werden soll, dann müßte der Taucher aus einer mitgeführten Druckluftflasche laufend dem Ballon etwas Luft zuführen. Damit der Ballon in 10 m Tiefe noch die gleiche Größe wie an der Oberfläche hat, müssen ihm bis zum Erreichen dieser Tiefe 6 l Luft entsprechend 1 bar Druck aus der Flasche zugegeben werden. Würde man diesen Versuch mit einem außerordentlich fein dosierenden Handventil an der Druckluftflasche steuern, dann müßte dieses Ventil mit zunehmender Tiefe immer weiter geöffnet werden. Denn die aus dem Ventil austretende Luft kann sich nur so weit ausdehnen, wie der Umgebungsdruck dies zuläßt. Je höher der Druck, desto kleiner ist das Volumen der ausströmenden Luft. Dieser Versuch entspricht der Versorgung unserer Lunge bei Benutzung eines *Atemgeräts*. Gleichzeitig wird klar, wie sehr der Luftverbrauch und damit die Benutzungsdauer eines Atemgeräts allein schon von der aufgesuchten Wassertiefe abhängen.
Bei flexiblen Körpern ist der Druck des eingeschlossenen Gases gleich dem Umgebungsdruck. Das bedeutet gleichzeitig, daß sich das Gas bei nachlassendem Umgebungsdruck ausdehnen wird. Auf unsere Lunge bezogen heißt das: Nach Atmung, und sei es nur ein einziger Atemzug aus einem Tauchgerät, niemals mit angehaltenem Atem aufsteigen!

Das hydrostatische Gleichgewicht

Das *archimedische Prinzip* besagt: Beim Eintauchen in eine Flüssigkeit verliert ein Körper so viel an Gewicht, wie die von ihm verdrängte Flüssigkeit wiegt.
Auf das Tauchen bezogen heißt das: Das spezifische Gewicht von Wasser ist *1*. Das (durchschnitts-)spezifische Gewicht des menschlichen Körpers, also Blut, Gewebe, Knochen, Fett, Lufthohlräume insgesamt gesehen, ist gleichfalls *1*. Tatsächlich hat ein 75 kg schwerer unbekleideter Mann ein Volumen von 75 l, der somit im Wasser 75 l verdrängt und dadurch 75 kg Auftrieb erfährt. Das führt bei einer bestimmten Stufe der Einatmung zur absoluten Schwerelosigkeit. – Taucher sprechen vom *hydrostatischen Gleichgewicht.*

Störungen des hydrostatischen Gleichgewichts

Die vom Sporttaucher angestrebte, in manchen Situationen aber gar nicht zweckmäßige Schwerelosigkeit ist ein Idealfall. Sie ist, über den Verlauf eines Tauchvorgangs gesehen, bestimmten Beeinflussungen und Veränderungen ausgesetzt. Das hat drei Ursachen:

1. Volumenänderung des Tauchers
Deutlich spürbar wird sie

- bei bewußt tiefer Ein- oder Ausatmung während des Tauchens mit dem Drucklufttauchgerät (DTG). Dieser Effekt wird von erfahrenen Tauchern durchaus vorteilhaft angewendet zur Steuerung des Auftriebs.
- bei Verwendung des Naßtauchanzugs. Sein Material ist kompressibel. Das bedeutet: Je tiefer ich tauche, desto geringer wird die Anzugstärke, desto geringer auch das Volumen und damit der Auftrieb bei gleichbleibendem Gewicht.
- beim Tauchen ohne DTG, also mit angehaltenem Atem. Durch Zusammenpressung der Lungen und des Brustraums kommt es zum Volumenverlust.

In der Praxis hat das folgende Auswirkungen: Ein Taucher ohne Anzug und ohne DTG hat nach der Einatmung an der Oberfläche *positiven* Auftrieb, er sinkt nicht ab. Bereits in etwa 6 bis 8 m Tiefe erfolgt der Übergang zum *negativen* Auftrieb; der Taucher beginnt ohne eigenes Zutun zu sinken. Wird nun mit Naßtauchanzug, aber ohne DTG getaucht, dann ergibt sich, grob gerechnet, eine Verdoppelung des Volumenverlusts.
Dadurch kann es zu gefährlichen Situationen kommen, wenn man tiefer als 10 m tauchend und für die Tiefe mit zuviel Blei austariert, zunächst den «freien Fall» genießt, dann aber den anstrengenden Aufstieg mit viel Ballast und wenig Luft antreten muß.

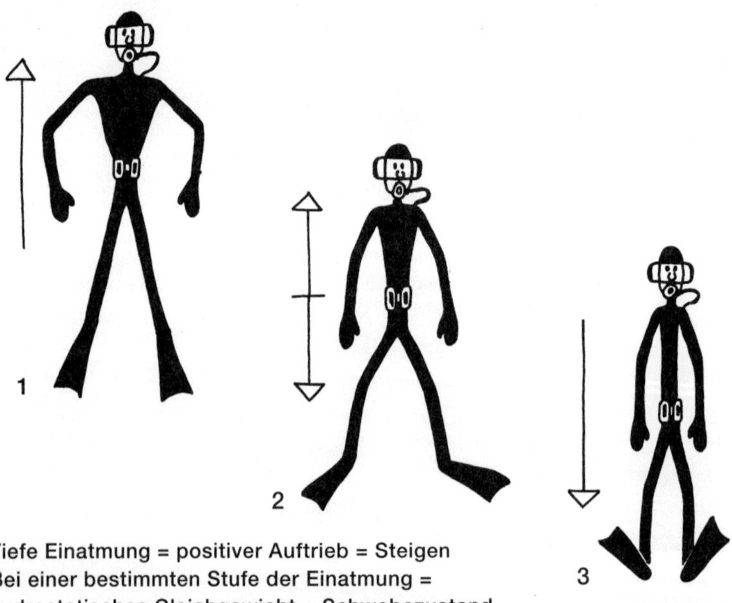

1: Tiefe Einatmung = positiver Auftrieb = Steigen
2: Bei einer bestimmten Stufe der Einatmung = hydrostatisches Gleichgewicht = Schwebezustand
3: Ausatmung = negativer Auftrieb = Sinken

2. Gewichtsänderung des Tauchers (exakter: der Tauchausrüstung)
Hier ist das Tauchen mit DTG angesprochen. Ein Drucklufttauchgerät normaler Größe enthält circa 2000 l Luft. Das Gewicht dieser Luftmenge beträgt fast 3 kg. Wird die Flasche leergeatmet, erhöht sich der Auftrieb des Tauchers entsprechend, da sein Volumen ja gleichbleibt.

3. Gewichtsveränderung des Wassers
Hier ist nicht die Dichte- bzw. Gewichtszunahme des Wassers in der Tiefe aufgrund der geringeren Temperatur gemeint (Volumenänderungen spielen beim Tieftauchen eine viel wichtigere Rolle). Dagegen ist der Wechsel des Tauchgewässers in jedem Fall eine Überlegung hinsichtlich der optimalen Bestückung des Bleigürtels wert. So hat stark salzhaltiges Wasser ein deutlich höheres spezifisches Gewicht als Süßwasser. Der Auftrieb im Salzwasser ist größer, der Taucher braucht mehr Blei. Der Unterschied kann je nach den Gegebenheiten (Salzgehalt, Gewicht des Tauchers, Anzugstärke) 1 bis 3 kg betragen.

Wie der Körper reagiert – tauchmedizinische Hinweise

Sofortwirkungen ergeben sich durch Druckdifferenzen auf Körperteile und Organe, die mit unserem Atemsystem in Verbindung stehen.

Die Lunge

Die Lunge ist das Organ, das den eingeatmeten Sauerstoff in gelöster Form in den Blutkreislauf einbringt. Sie besteht aus zwei Lungenflügeln, die in Lappen und Läppchen und schließlich in Millionen von Bläschen (Alveolen) enden. Das Gesamtvolumen einer Lunge errechnet sich aus:
Restvolumen (nach maximaler Ausatmung noch verbleibende Luftmenge) und Vitalkapazität (nach maximaler Einatmung maximal auszuatmende Luftmenge).
Die Vitalkapazität eines gut trainierten Sportlers liegt zwischen 5 und 6,5 l.

Die Lunge beim Tieftauchen ohne Atemgerät

Durch den beim Abtauchen steigenden Umgebungsdruck werden die Lunge und der Brustkorb zusammengepreßt. Das geschieht zunächst völlig unbemerkt. Entsprechend dem Boyle-Mariotteschen Gesetz nimmt dabei das Lungenvolumen ab.
Automatisch ist damit auch Druckgleichheit gewährleistet, so daß wir Tauchmaske und Mittelohr mit Druckluft versorgen können.

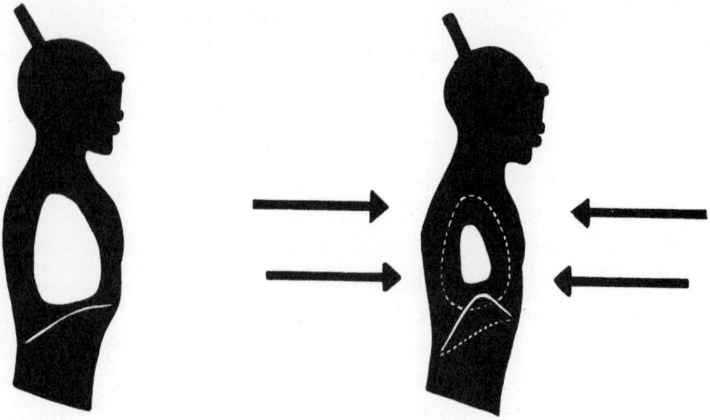

Diesem Vorgang sind Grenzen gesetzt. Ist die Lunge so weit zusammengepreßt, daß das Restvolumen erreicht ist, dann beginnt der allmähliche Übergang in den Zustand des relativen Unterdrucks. Folge: Das unter Umgebungsdruck stehende Blut wird verstärkt in das Lungengewebe gepreßt; Herz und Herzmuskel werden durch das Abpumpen der großen Blutmenge stark beansprucht.

Grenzen beim Tieftauchen ohne Drucklufttauchgerät

Die persönliche Grenze beim Tieftauchen ohne Tauchgerät läßt sich nicht berechnen, auch nicht aus den Größen «Vitalkapazität» und «Restvolumen» der Lunge. Die jeweils erreichten Tiefen sind immer ein Ergebnis mehrerer Faktoren: Gewöhnung, Erfahrung, Ehrgeiz, Kondition, Gewässer und Ausrüstung. Geübte Sporttaucher tauchen 10 m, nach entsprechendem Training und in klaren, warmen Gewässern auch 20–30 m tief.

Die absolute Tiefe ist ebenfalls schwer einzugrenzen. Vor 30 Jahren galten 40 m Tiefe als nicht überwindbar. Inzwischen wurden mehrfach 100 m und tiefer erreicht! Insbesondere der Italiener *Enzo Majorca* und der Franzose *Jaques Mayol* wurden durch ihren jahrelangen Wettstreit auf diesem Spezialgebiet berühmt. Sie und andere brachten mit diesen Rekorden den Beweis, daß es durch Gewöhnung und extremes Training zu weiteren Druckausgleich-Kompensationsfaktoren kommt, die medizinisch noch nicht eindeutig geklärt sind.

Die Lunge beim Tauchen mit Drucklufttauchgerät

Ein Drucklufttauchgerät ermöglicht die problemlose Atmung unter (und über) Wasser. Sein *Atemregler* (auch «Lungenautomat») gibt die notwendige Luftmenge in der jeweils erforderlichen Dichte. Dieser Regler ist das wichtigste Teil eines Tauchgeräts. Er regelt die unter Hochdruck stehende Luft auf den jeweils

aktuellen Umgebungsdruck herunter. Nur so ist eine gefahrlose Atmung mit möglichst minimalem Ein- und Ausatemwiderstand zu realisieren.
Von kleinen Schwankungen abgesehen, bewegt sich das Volumen der Lunge in der gleichen Größenordnung wie beim Atmen über Wasser. Das setzt aber während des Ab- und Aufstiegs eine regelmäßige Ein- und Ausatmung voraus. Und hier liegt dann auch eine Gefahr des Tauchens mit DTG: die Möglichkeit eines *Lungenüberdruck-Barotraumas* beim Aufstieg. Durch Ohnmacht, Panik und/oder viel zu hohe Aufstiegsgeschwindigkeit wird die (Aus-)Atmung vernachlässigt. Der nachlassende Wasserdruck bewirkt, daß sich die Luft in der gefüllten Lunge ausdehnt. Bei Überschreiten einer bestimmten Druckdifferenz kommt es zur Lungenüberdehnung. Dabei können Lungenbläschen zerreißen und Luft in den Blutkreislauf eintreten (Luftembolie)! Im Extremfall kann es auch zu einem Lungenriß kommen.
Symptome des Lungenüberdruck-Barotraumas: starke Schmerzen im Brustkorb, flache Atmung, blutiger Schaum im Mund. Eine Behandlung sollte unbedingt in einem Krankenhaus erfolgen, welches über eine *Druckkammer* verfügt. Denn

Taucherin an schwedischer Küste

nur mittels Überdruck und Sauerstoffatmung lassen sich bei einer Luftembolie die in die Blutbahn geratenen Luftbläschen verkleinern oder auflösen!
Vorbeugend muß deshalb alles getan werden, um diese gefährliche Unfallursache auszuschließen. Tauchschüler müssen immer auf die Wichtigkeit der Ausatmung beim Auftauchen hingewiesen werden.
Gefährlich sind gerade die Situationen, die bei oberflächlicher Betrachtung harmlos erscheinen: Ein Taucher legt sein DTG in 4 m Tiefe ab, steigt auf und glaubt aufgrund der kurzen Distanz, er brauche nicht auszuatmen. Oder ein Schnorcheltaucher geht auf 6 m Tiefe, tankt dort bei seinem mit Gerät tauchenden Freund einen Atemzug Luft und vergißt beim Aufstieg die Ausatmung. Gefährlich erst recht deshalb, weil wir ja in der Zone 10 bis 0 m den relativ größten Druckabfall haben. – Im übrigen spürt ein Taucher, der sich unter Kontrolle hat, jeden leichten Druckanstieg in der Lunge sofort.

Die Ohren

Die Ohren, genauer gesagt ihre Trommelfelle, sind die einzigen Organe, die den gewaltigen Druckanstieg beim Abtauchen körperlich spürbar werden lassen.
Das Wasser dringt durch den Gehörgang unmittelbar bis an das Trommelfell vor. Beim Abtauchen preßt das Wasser gegen diese Membrane. Da vom luftgefüllten Mittelohr her (noch) der Gegendruck fehlt, wölbt sich entsprechend der Druckdifferenz das Trommelfell nach innen. Es kommt zu Schmerzen.
Druckausgleich als Abhilfe: Die *Eustachische Röhre* verbindet den (unter Umgebungsdruck stehenden) Mundraum mit dem Mittelohr. Da sie mit Schleimhäuten ausgekleidet ist, die mehr oder weniger eng aneinander liegen, ist die Durchlässigkeit zum Mittelohr nicht automatisch gegeben. Die zum Druckaus-

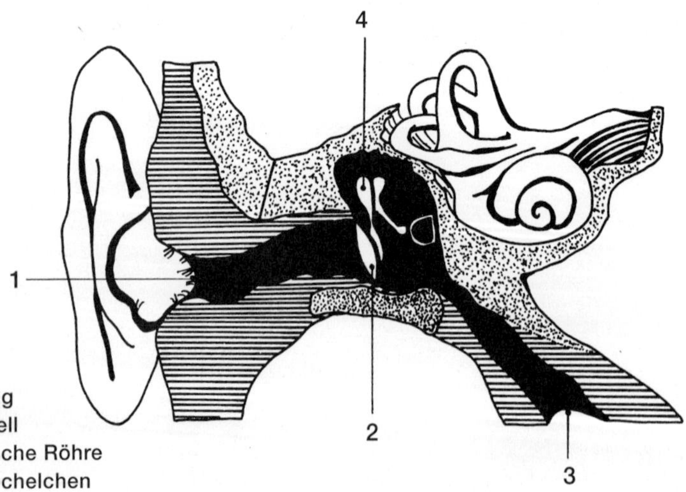

1 = äußerer Gehörgang
2 = Trommelfell
3 = Eustachische Röhre
4 = Gehörknöchelchen

gleich erforderliche Luftmenge muß mittels bestimmter Manipulationen durch die Eustachische Röhre gepreßt werden.
Möglichkeit a): Luftpressung im Mund-Nasen-Raum. Dazu verschließt man mit zwei Fingern die Nasenöffnung und preßt die angehaltene Atemluft in den Nasenraum. Durch diesen Stau bahnt sich die Luft ihren Weg durch die Eustachische Röhre.
Möglichkeit b): Eine sicher elegantere Methode, die aber nur wenigen Tauchern gelingt, sind mehrfache Schluckbewegungen. Durch sie erfolgt eine Dehnung der Eustachischen Röhre im Bereich ihrer Mündung.
Durch den Druckausgleich baut sich ein Luftpolster auf, welches das Trommelfell gegen den Wasserdruck wieder in die normale Position drückt. Begleitet wird der Vorgang von knackenden, zischenden Empfindungen. Der Schmerz ist weg, die Hörfähigkeit kommt wieder.

In der Praxis ist es sehr wichtig, daß man den Druckausgleich bereits an der Wasseroberfläche beginnt. Wartet man, bis der Schmerz anfängt, kann es für den technischen Vollzug schon zu spät sein, wenn zum Beispiel die Schleimhäute der Eustachischen Röhre durch die Druckdifferenz zusammengepreßt wurden. In solch einem Fall muß der Taucher erst wieder einige Meter aufsteigen.
Der Ausgleich selbst muß beim Abstieg laufend wiederholt werden. Beim Aufstieg entweicht dann die Luft automatisch aus dem Bereich des Mittelohrs.
Folgen bei Nichtbeachtung des Druckausgleichs sind: Es kommt zu einer Gewebsschädigung durch den relativen Unterdruck (Unterdruck-Barotrauma) im Mittelohr bzw. in der Paukenhöhle. Diese ist mit empfindlichen Schleimhäuten ausgekleidet. Es entsteht eine *Hyperämie*, eine Blutüberfüllung in den Gefäßen. Blut und Gewebsflüssigkeit treten dabei aus und füllen den Hohlraum so lange, bis Druckausgleich herrscht. Taucht man auf, tritt das Blut durch die Nase aus und sammelt sich in der Tauchmaske. Bei sehr starker Überdehnung der Trommelfelle kommt es unweigerlich zum *Trommelfellriß*. Wasser dringt ins Mittelohr ein. Bei starker Temperaturdifferenz wird das im Ohr befindliche Gleichgewichtsorgan in seiner Funktion gestört. Schwindelgefühl und Verlust des Orientierungssinns sind die Folgen – für den Taucher eine gefährliche Situation. Der Druckausgleich im Mittelohr ist ein bewußt zu steuernder Vorgang. Während des ganzen Tauchgangs muß ihm die nötige Beachtung zukommen. Nie erst dann mit dem Ausgleich beginnen, wenn schon Schmerzen eingetreten sind! Auch der Druckausgleich ist Trainingssache. Üben kann man ihn überall in allen möglichen Situationen. Und wenn es beim Tauchen gar nicht klappt, dann ist häufig eine Erkältung die Ursache. In solch einem Fall muß auf das Tauchen verzichtet werden. Notfalls hilft ein schleimhautverengendes Nasenspray. Doch Vorsicht bei Dauererkältungen! Bei Langzeitanwendung dieser Mittel kommt es allmählich zu einer gegenteiligen Wirkung.

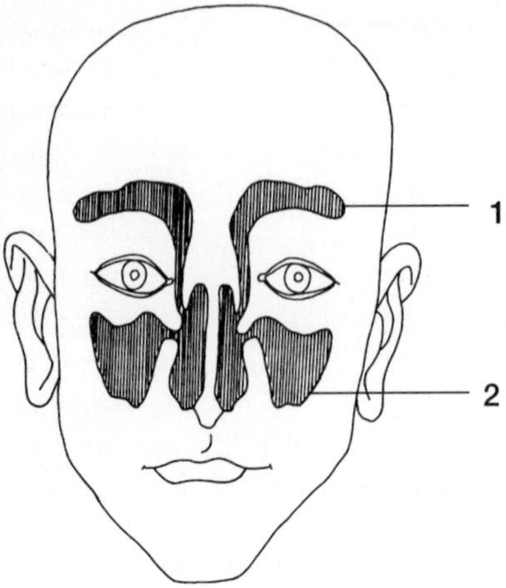

1 = Stirnbeinhöhle 2 = Kieferhöhle

Die Nasennebenhöhlen

Gemeint sind die Stirnhöhlen, Kieferhöhlen, Siebbeinzellen und das Keilbein. Hier ist wie bei Lunge und Mittelohr Druckausgleich nötig.
Die Belüftung der Höhlen mit der unter Umgebungsdruck stehenden Luft aus unserem Atemsystem erfolgt unabhängig von unserem willentlichen Einfluß.
Barotraumen sind dennoch möglich. Bei Erkältung schwellen die mit Schleimhäuten versehenen Verbindungen zu. Der sich bildende relative Unterdruck läßt Gewebsflüssigkeit austreten.
Allerdings sind die Schmerzen bei diesem Vorgang derart heftig, daß der Tauchversuch bereits in 1 bis 2 m Tiefe abrupt abgebrochen wird. Beim Auftauchen vergehen diese Schmerzen spurlos.

Barotraumen im Zahnbereich

Durch Risse oder schlecht angepaßte Zahnplomben tritt Luft unter Überdruck in Hohlräume ein. Beim Auftauchen kann es zu einem «Rückschlagventil-Effekt» kommen. Dadurch wird die Luft in den Hohlräumen zurückgehalten und verursacht nun durch ihren entstehenden Überdruck Schmerzen bzw. Herausfallen der Plombe. Die Wahrscheinlichkeit eines solchen «Unfalls» ist aber denkbar gering. Dennoch empfiehlt sich ein vorbeugender Besuch beim Zahnarzt.

Barotraumen im Augenbereich

Beim Abtauchen wird die *Tauchmaske* durch den Wasserdruck auf das Gesicht gepreßt. Erreicht dabei die Flexibilität der Maske ihre Grenze, so daß sie nicht dichter an das Gesicht herangedrückt werden wird, dann beginnt der Zustand des relativen Unterdrucks in der Tauchmaske. Spätestens in diesem Moment muß der Taucher Druckgleichheit herbeiführen durch Einblasen von Luft in die Maske.
Das Soggefühl bei nicht erfolgtem Druckausgleich in der Maske ist als Warnsignal deutlich spürbar. Kommt es dennoch, zum Beispiel infolge der Verwendung einer ungeeigneten Tauchmaske, zum Barotrauma, so wird zuerst das empfindliche Gewebe des Augapfels betroffen. Im Extremfall kann durch Platzen der Blutgefäße aus dem Weiß der Augäpfel ein leuchtendes Rot werden. Dann sollte ein Arzt aufgesucht werden. Allerdings wird dieser das Abklingen der Rötung

nicht beschleunigen können. Mit dem Tauchen muß eine Zeitlang ausgesetzt werden. Druckausgleich in der Maske ist so einfach, daß er schnell zur Routine werden muß. Zum Tauchen über 2 bis 3 m Tiefe sollte man unbedingt Masken verwenden, die die Nase mit einschließen. Keine Nasenklemme benutzen!

Die Wassertemperatur und ihre Auswirkungen

Die Belastung des Wärmehaushalts unseres Körpers steigt beim Aufenthalt im Wasser enorm an. Ob die Wassertemperatur nun 10 Grad oder 20 Grad Celsius beträgt, ob wir uns unbekleidet oder mit Tauchanzug versehen im Wasser aufhalten – der Wärmeverlust tritt ein und wird durch die verschiedenen Bedingungen nur beschleunigt oder verzögert.
Die Wärmeabgabe im Wasser erfolgt durch drei unterschiedliche Mechanismen. Die *Wärmeleitfähigkeit* des Wassers ist rund 25fach größer als die der Luft. Dabei erfolgt die Wärmeabgabe durch direkten Kontakt. Die *Wärmeströmung* bewirkt einen Transport durch bewegte Flüssigkeiten oder Gase. Beispiel: Das sich am Körper erwärmende Wasser wird durch kälteres ersetzt. Wärmeströmung ist auch die Ursache für den Temperaturverlust, den man beim Tauchen durch die *Atmung* erfährt. (Mit zunehmender Wassertiefe wird durch die entsprechend höhere Dichte der Atemluft dieser Wärmeverlust noch größer.) Die *Wärmestrahlung* schließlich sorgt durch elektromagnetische Wellen für einen Energietransport.
Daß der Körper im Wasser dennoch nur etwa dreimal soviel Wärme wie an der Luft abgibt, ist der Fähigkeit des Organismus zu danken, die Wärmeabgabe zu steuern. Unsere Körpertemperatur wird u. a. dadurch erzeugt und reguliert, daß der Sauerstoff für eine chemische Verbrennung sorgt. Um bei Kälte die Körpertemperatur konstant zu halten, muß vermehrt O_2 aufgenommen und verbrannt werden. Folge für den unterkühlten Taucher: O_2-Mangel, CO_2-Anstieg. Dadurch ergeben sich kürzere Atemanhaltezeiten beim Tauchen ohne Gerät und ein deutlich höherer Luftverbrauch beim Gerätetauchen.
Frösteln und Muskelzittern sind Gegenmaßnahmen der komplizierten Temperaturregelung. Durch diese Muskeltätigkeit wird Wärme erzeugt, was wiederum erhöhte Sauerstoffaufnahme bedingt. Übersteigt der Wärmeverlust weiterhin die Wärmeproduktion, dann drosselt der Körper die Blut- und damit die Wärmezufuhr zu den Extremitäten (Arme und Beine). Ziel dieser Maßnahme ist die Erhaltung der Kerntemperatur und damit Schutz lebenswichtiger Organe. Weitere Phasen der *Unterkühlung*: erschwerte Atmung, Muskelstarre, extreme Senkung des Pulsschlags, allmähliche Lähmung und Tod.
Für den Taucher gilt also, daß er die Wärmeabgabe an das Wasser durch eine *gute Isolation* (= guter Tauchanzug) hinauszögern sollte. Ein überdurchschnittliches Fettpolster unter der Haut ist hier von Vorteil, denn Fett ist ein mäßiger Wärmeleiter.

Maßnahmen bei Unterkühlung: Betroffene von nassen Kleidungsstücken befreien, in eine warme Umgebung bringen, mit (warmen) Wolldecken isolieren, die Körperwärme eines Begleiters hilft, warme zuckerhaltige Getränke geben. Eine Aufwärmung in der Badewanne ist sehr wirksam, aber nicht ungefährlich (Gefahr von unterschiedlicher Erwärmung, dadurch Abfall der Kerntemperatur). Schlafneigungen sind immer wieder durch Wachrütteln zu mindern.
Bei sehr niedrigen Kerntemperaturen sollte der Verunfallte so schnell und schonend wie möglich in liegender Position in die Klinik transportiert werden.
Hinweis: Für den *unterkühlten* Verunfallten ist der Pupillenreflex *kein* Maßstab für Kreislaufstillstand oder Tod. Bei Unterkühlung ist die Pupille immer geweitet. Der Griff an die Halsschlagader ist da aussagefähiger.
Bei nur schwach fühlbarem Puls sollte bei einem Unterkühlten *keine* Herzmassage durchgeführt werden.

Das Tauchen mit Druckluft

Für den Sporttaucher ist nach wie vor die atmosphärische Luft das Atemgas, welches für den Unterwasser-Aufenthalt anwendbar ist. Die Atmung von Luft wie auch die Konstruktion, Benutzung, Füllung und Wartung der dafür verwendeten Drucklufttauchgeräte bringen insgesamt relativ wenig Probleme. Die Verwendung von reinem Sauerstoff oder spezieller Gasgemische zum Sporttauchen ist sehr problematisch: Sauerstoff- und Mischgastauchgeräte sind aufwendig in der Technologie, erfordern sorgfältigste Wartung, setzen eine gründliche Ausbildung und Schulung der Taucher voraus und verursachen hohe Kosten.
Zusammensetzung der Luft:

vor der Einatmung:	79 Prozent Stickstoff (N_2)
	20 Prozent Sauerstoff (O_2)
	0,03 Prozent Kohlendioxid (CO_2)
	Rest Edelgase
bei der Ausatmung:	79 Prozent Stickstoff
	16 Prozent Sauerstoff
	4 Prozent Kohlendioxid
	Rest Edelgase

Gewicht von Luft:
Bei einem Druck von 1 bar hat Luft ein Gewicht von ca. 1,3 g pro Liter.
Druckluft ist mechanisch (mittels Pumpen oder Kompressoren) verdichtete Luft.
Je höher der Druck, desto größer ist das Gewicht der Luft.
Um die Luftmenge eines Gerätes zu berechnen, muß man den Rauminhalt der Druckluftflasche sowie den Druck der darin verdichteten Luft kennen.

Berechnungsformel

Flascheninhalt · Druck = Luftmenge

Berechnungsbeispiel

Eine Druckluftflasche hat 12 l Inhalt und ist auf 180 bar gefüllt.

12 · 180 = 2160 l Luft

Das DTG wird beim Füllen schwerer.

Berechnungsformel

Luftmenge · 1,3 g = Gewicht in g oder kg

Beispiel

2160 · 1,3 = 2,808 kg, also annähernd 3 kg wiegt diese Luftfüllung.

Karibik

Gefahren des Tauchens

Tiefenrausch wird frühestens in 30 m, spätestens in 60–70 m Tiefe spürbar (stark abhängig vom Training und psychischen Zustand des Tauchers). Es gibt mehr oder weniger zutreffende Beschreibungen für diesen Zustand. Das «Herausnehmen des Gerätemundstücks, um den Fischen Luft zu geben», oder der «metallische Geschmack der Atemluft» sind dabei wenig maßgebend.
Ähnlich wie bei Alkoholgenuß sind die Wirkungen des Tiefenrausches bei jedem Taucher verschieden. So berichten nicht wenige von einem leichten Angst- bzw. Unsicherheitsgefühl im Anfangsstadium. Mit zunehmender Tiefe steigt die Wirkung, die Zustände wie Panikstimmung, euphorische Hochgefühle oder Apathie auslösen kann. Mit Sicherheit sinken Kritik-, Konzentrations- und Koordinationsfähigkeit sowie die Entschlußkraft. Darin liegt die wesentliche Gefahr!
Ursache für den eintretenden Tiefenrausch ist die narkotisierende Wirkung des Stickstoffs unter erhöhtem Druck. N_2 ist ein neutrales Gas, ein Inertgas, das, wie auch Helium oder Wasserstoff, keine biochemische Reaktion bei der Atmung auslöst. Da die Narkosewirkung von Helium zum Beispiel viel geringer ist, verwendet man dieses Trägergas heute in sehr starkem Maße für das kommerzielle Tieftauchen.
Zur Beseitigung des Tiefenrauschs gibt es nur ein Mittel: sofortiges Höhertauchen. Der Rausch verschwindet ohne jede Nachwirkung.

Dekompressions- bzw. *Caisson-Unfälle* sind ein Thema, auf das später ausführlich einzugehen ist. Hier ein kurzer Hinweis: Beim Tauchen mit Druckluft löst sich Stickstoff im Blut- und Fettgewebe des Körpers. Überschreitet der Taucher eine bestimmte Zeit in einer bestimmten Tiefe, dann darf er nicht ohne Pausen in bestimmten Wassertiefen auftauchen. Tut er es doch, riskiert er einen «Deko-Unfall»: Der in flüssiger Lösung befindliche Stickstoff kann aufgrund des zu starken Druckabfalls (Druckgefälle) nicht mehr ausreichend über die Lunge «abgeatmet» werden. Dadurch perlt Stickstoff in Gasblasenform aus und blockiert Blut- und Nervenbahnen. Die Skala der Folgen für den Taucher reicht von Hautjucken über Gelenkschmerzen bis zu Lähmungen und Tod.
Das beste Beispiel zur Demonstration ist eine ohne Verzögerung geöffnete Brauseflasche: Der über der Flüssigkeit befindliche Gasdruck entweicht, und es werden, scheinbar aus dem Nichts heraus, in der Flüssigkeit plötzlich unzählige Gasblasen sichtbar.
Für den Beginn der Tauchausbildung ein beruhigender Hinweis: Bis 9 m Tiefe kann beliebig lange getaucht und ohne Pause aufgetaucht werden.

Pendelatmung tritt ein bei der Atmung durch einen Hohlkörper (Maske, Schnorchel, Schlauch). Die zum Beispiel im Schnorchel bei der Ausatmung stehenbleibende verbrauchte Luft wird als erste wieder eingeatmet. Je größer das Volumen zwischen Mund/Nase und der Ausatemöffnung des Hohlkörpers ist, desto mehr verbrauchte Luft pendelt hin und her. Folge: Der Sauerstoffanteil der Luft in der Lunge nimmt ab, der Kohlendioxidanteil steigt.

Tauchen und Atmen durch überlange Schnorchel. Das Experiment, auch nur in 0,5 m Tiefe durch einen Schlauch Luft von der Oberfläche atmen zu wollen, ist sehr gefährlich wegen der Pendelatmung, vor allem jedoch durch die Wahrscheinlichkeit eines Unterdruck-Barotraumas in der Lunge. Dem Wasserdruck auf dem Brustkorb kann kein entsprechender Luftdruck entgegengesetzt werden, da die Luft in der Lunge durch den Schlauch in Verbindung mit der Luft an der Oberfläche steht. Die Luft in der Lunge wird beim Tiefergehen nicht – wie sonst beim Tauchen ohne Gerät – komprimiert, sondern durch den Schlauch hinausgedrückt.

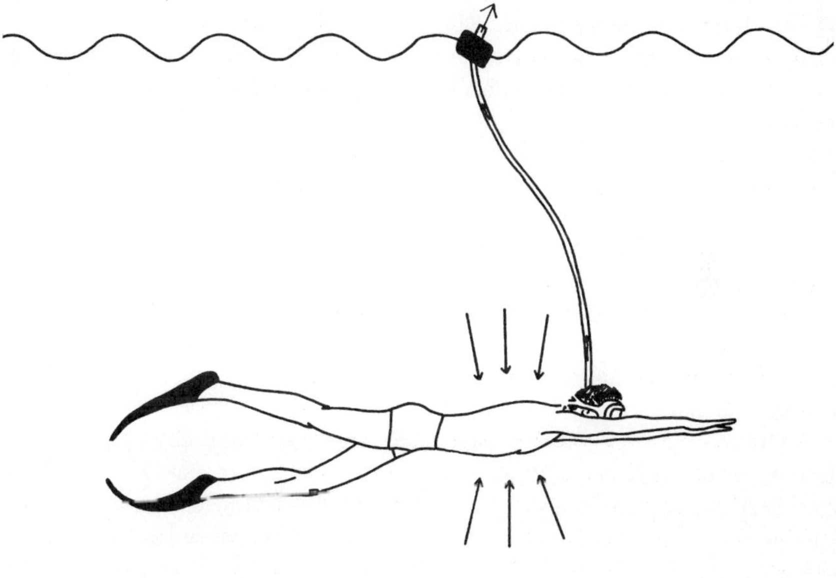

Hyperventilation

Die Verweildauer unter Wasser beim Tauchen mit angehaltenem Atem («in Apnoe») ist sehr stark vom Training abhängig. Darüber hinaus gibt es für Trainierte wie für Untrainierte einen Trick, die Dauer bzw. Tauchstrecke zu verlängern. Gemeint ist hier die *Hyperventilation* (Voratmung). Dabei wird vor dem Abtauchen tief ein- und ausgeatmet unter gleichzeitig erhöhter Atemfrequenz. –

Die Wirkung der Hyperventilation hängt stark von der Dauer ihrer Anwendung ab. 10 Sek. sind das Minimum, 2 Min. kann man bereits als gefährliche obere Grenze bezeichnen.
Bei der Voratmung wird eine Sauerstoffspeicherung bzw. -anreicherung nicht erreicht, da das Hämoglobin im Blut bereits zu 97 Prozent mit Sauerstoff gesättigt ist. Die Folge ist vielmehr ein höheres «Abatmen» des Kohlendioxids (CO_2) und damit ein Nachlassen der CO_2-Spannung im Blut.
Unsere Atmung wird von mehreren Reglermechanismen im sogenannten Atemzentrum gesteuert. Am stärksten spricht dieses Zentrum auf die CO_2-Spannung im Blut an. Je höher der Gehalt an CO_2 im Blut ist, desto stärker macht sich die Atemnot bzw. der Zwang zur Einatmung bemerkbar.
Wird hyperventiliert und damit CO_2 abgebaut, dann dauert es beim anschließenden Luftanhalten länger, bis die den Atemreiz auslösende CO_2-Spannung im Blut erreicht ist. Der Zeitpunkt der einsetzenden Atemnot wird hinausgeschoben.
Die Anwendung der Hyperventilation ist nicht ungefährlich. «Kein Vorteil ohne Preis» – und der besteht in dem Risiko eines *Blackouts*, also einer Ohnmacht. Dieses Risiko steigt mit der Zeitdauer der vorangegangenen Hyperventilation.
Merke: hohes Blackout-Risiko nach längerer Hyperventilation in Verbindung mit anschließendem Tauchen bis an die Grenze des Möglichen.
Risikoerhöhung ist jedes Tauchen in Verbindung mit hoher Arbeitsleistung (Beispiel: Streckentauchen im Höchsttempo). Risikominderung ist Tauchen unter minimalem Kraftaufwand.
Zwar ist die Grenze des Verträglichen individuell sehr verschieden. Wird aber so lange vorgeatmet, daß ein Kribbeln in den Fingerspitzen und ein Taubwerden im Mundbereich zu fühlen ist, dann ist höchste Vorsicht geboten.
Ein Blackout ist relativ harmlos, wenn ein Tauchkamerad sofort zur Stelle ist und den Kopf des Ohnmächtigen über Wasser hält. Dieser ist in aller Regel nach wenigen Sekunden wieder voll «da».
Die Hyperventilation ganz zu unterlassen wäre unrealistisch. Jeder, der etwas länger tauchen möchte, wird voratmen, und wenn es nur zehn Sekunden sind. Entscheidend ist die vernünftige und sparsame Anwendung der Hyperventilation (20 bis maximal 60 Sek.) in Verbindung mit einer anschließenden Tauchstrecke, die nicht bis an die Höchstgrenze führt. Und für den Fall der Fälle gilt: Tauche nie allein!
Sauerstoffmangel (Hypoxie) ist die Ursache eines Blackouts. Dieser Zustand macht sich nicht rechtzeitig durch Eintritt der Atemnot bemerkbar, da ja der Zeitpunkt des Einsetzens der Atemnot willkürlich und erheblich verschoben wurde durch den CO_2-Abbau beim Hyperventilieren.

Sehen und Hören unter Wasser

Licht- und Sichtverhältnisse

Wasser hat eine andere Dichte als Luft. Daraus resultiert eine andere Brechung des Lichts im Wasser. So erscheinen unter Wasser alle Gegenstände 25 Prozent näher bzw. circa 33 Prozent größer, als sie in Wirklichkeit sind. – Je nach Art und Zustand des Gewässers reicht die Sicht von weniger als 1 m bis zu maximal etwa 60 m.

Auch die *Farben* verändern sich unter Wasser, und zwar unabhängig von der Tiefe. Wasser hat die Wirkung eines Blaufilters: Die warmen Farben werden in der Reihenfolge Rot–Orange–Gelb abgebaut. Das rote langwellige Licht wird zuerst herausgefiltert. In 10 m Tiefe ist aus dem Rot ein schmutziges Braun geworden. Gelb kann man bis circa 20 m Tiefe erkennen. Blau ist auch in 40 m Tiefe noch sichtbar. Dieser Filtereffekt fällt uns immer sehr stark bei der Bewegung in der Vertikalen, also beim Auf- und Abstieg, auf, weil der beobachtete Gegenstand (zum Beispiel rotes Kameragehäuse) sich meist in kurzem Abstand zu unserem Auge befindet. Tatsächlich ist der Effekt in der Horizontalen aber der gleiche. Der knallrote Bikini einer Schwimmerin wird, wenn diese zum Beispiel 20 m weit wegschwimmt, nicht mehr als rot erkennbar sein, auch wenn das Wasser glasklar und sonnendurchflutet ist und Betrachter wie Objekt sich an der Wasseroberfläche aufhalten. Entscheidend ist also der Weg, den das Licht im Wasser zurücklegt, bevor es unser Auge erreicht.

Kunstlicht ist erforderlich, um in beliebiger Tiefe auf kurze Distanz die tatsächlich vorhandenen Farben sichtbar zu machen. Dazu verwendet man beim Filmen und Beobachten Scheinwerfer, beim Fotografieren Blitzlicht.

Hören unter Wasser

Aufgrund der hohen Dichte des Wassers ist die Schallgeschwindigkeit wesentlich höher als in der Luft. Diese beträgt in der Luft 333 m/Sek., im Wasser 1450 m/Sek. Gleichzeitig ist die Absorption des Schalls im Wasser deutlich geringer als in der Luft. Das führt zum Beispiel dazu, daß die starken Schraubengeräusche eines Schiffs bei einem Taucher den Eindruck erwecken, als sei das Schiff in seiner unmittelbaren Nähe, auch wenn es tatsächlich noch 500 m oder weiter entfernt ist.

Für den Taucher ist es praktisch nicht möglich, die Schallquelle zu orten, also festzustellen, aus welcher Richtung der Schall kommt. Dazu ist nämlich eine minimale Zeitdifferenz nötig, mit der der eintreffende Schall das eine Ohr früher erreicht als das andere. Dieses Minimum an erforderlicher Zeitdifferenz zur Bestimmung des Standorts der Schallquelle schrumpft durch die hohe Schallgeschwindigkeit unter Wasser so zusammen, daß diese Funktion des Gehörs gestört ist.

Das Tauchen mit ABC-Ausrüstung

Wissenswertes zur Ausrüstung

Zur Ausrüstung des Tauchers gehören *Flossen, Maske* und *Schnorchel.* Der Einsatz dieser einfachen Geräte sichert dem damit geübten Benutzer einen erheblichen Vorteil gegenüber einem «normalen» Schwimmer: Beweglichkeit und Schnelligkeit, Erreichen größerer Tiefen, Retten und Bergen, all das ist mit der ABC-Ausrüstung kein großes Problem. Allein die Maske verleiht schon Selbstsicherheit, denn sie läßt einwandfrei erkennen, was dem ungeschützten Auge verborgen bleiben würde.

Die Flossen

Die Verwendung von Flossen erleichtert uns die Fortbewegung und das Manövrieren im Wasser, ohne daß dazu die Hände mit eingesetzt werden müssen. Durch ihre Abwinkelung verlängert die Flosse den Fuß in Richtung des Beins. Flossen, die auch die Ferse einschließen, verbinden die bessere Kraftübertragung mit einem sicheren Schutz vor Verletzungen.
Die «richtige» (äußere) Größe der Flossen ist ein wichtiger Gesichtspunkt. Jahrelang gab es den Trend zur übergroßen Flosse. Viele Benutzer waren damit überfordert. Größe und Härte des Blattes sollten dem Training und der Kondition des Schwimmers bzw. Tauchers angemessen sein. Völlig ausreichend für das Tauchen im Freiwasser ist eine Flossenblattlänge, die das 1,2- bis 1,5fache der Fußlänge aufweist.

- *Große Flossen*: langsamer Schlag mit größerem Kraftaufwand.
- *Kleine Flossen:* schneller Schlag mit kleinerem Kraftaufwand.

Über die Wirksamkeit der Formgebung gibt es kaum exakte Aussagen. Das Flossenblatt soll leicht nach unten abgewinkelt sein. Leitkanten ergeben eine bes-

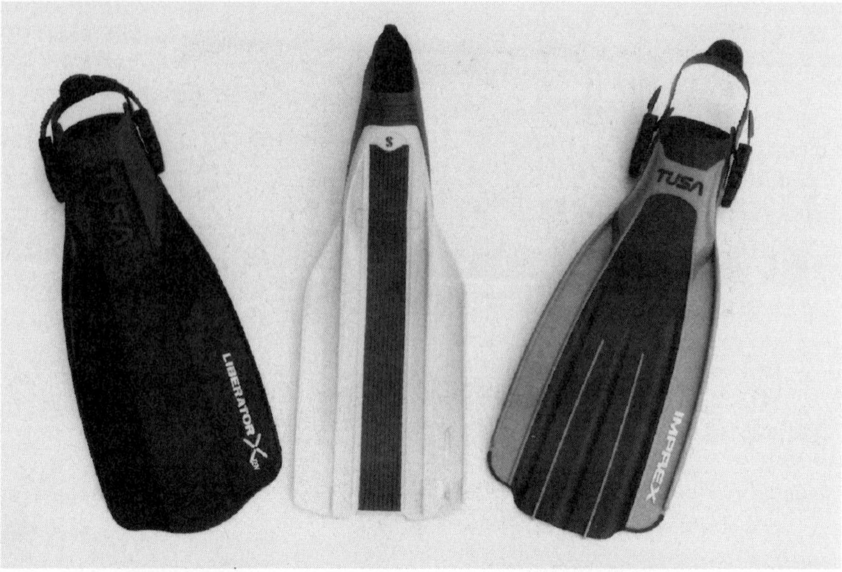

Drei verschiedene Flossentypen: links und rechts mit «offenem» Fuß, in der Mitte mit geschlossenem Fuß

sere Richtungsstabilität. Die beste Flosse wird jene sein, die möglichst geringe Verwirbelungen des Wassers am Abriß erzeugt.

Für den Sitz ist die innere, die «Schuhgröße» der Flosse wichtig. Ist sie zu groß, dann wird die Kraftübertragung gestört. Der Vortrieb ist entsprechend schlecht, und es besteht sogar die Gefahr, diese im Wasser zu verlieren. Abhilfe bei zu großen Flossen: Neoprensocken anziehen.

Zu kleine Flossen verleiden das Schwimmen durch die dadurch entstehenden Schmerzen. Auch Muskelkrämpfe in den Beinen können ihre Ursache in zu eng sitzenden Flossen haben.

Flossen mit eingeschlossener Ferse werden überwiegend in der Schwimmhalle oder beim Schnorcheln verwendet. Gerätetaucher benutzen im Freiwasser durchweg Flossen mit offener Ferse und Fersenband. Diese lassen sich viel leichter über die wenig rutschfreundlichen Neoprenfüßlinge ziehen.

Moderne Flossen sind aus hochelastischen Kunststoffen in Signalfarben gefertigt.

Die Tauchmaske

Da der Augapfel gewölbt ist, liegt das Medium *Wasser* ebenso gewölbt auf unserem Auge. Folge: Beim Versuch des Sehens unter Wasser ergibt sich ein völlig verschwommenes Bild. Um scharf zu sehen, muß man deshalb den natürlichen Zustand herstellen, indem man unmittelbar vor den Augen eine Luftschicht fixiert. Das macht die Tauchmaske. In einem gewissen Abstand von den Augen befindet sich die abgrenzende plane Glasscheibe. Alles dahinter Befindliche sieht man scharf und deutlich.
Eine für das Sporttauchen geeignete Maske muß (1) nicht nur die Augen, sondern auch die Nase einschließen, um Druckausgleich im Maskeninnern herstellen zu können. (2) Ihr Sitz soll tadellos sein, das heißt, sie muß auch bei leichtem Anpreßdruck sicher abschließen. (3) Sie muß einen Nasenerker haben, um den Druckausgleich im Mittelohr durch Zuhalten der Nase zu ermöglichen. (4) Ein geringes Maskenvolumen (= geringe Luftmenge für den Druckausgleich) in Verbindung mit möglichst großem Sehfeld kennzeichnet die gute Maske.
Das flexible Material besteht bei guten Masken überwiegend aus Silikon (hell oder neonfarbig transparent, aber auch dunkel), der Maskenkörper hat einen doppelten Dichtrand. Die Scheibe kann aus einem oder zwei Fenstern bestehen, das ist Ansichtssache. Allerdings bevorzugen UW-Fotografen die einfenstrige Maske, weil Taucherportraits damit doch gefälliger wirken! Etwa 10 % der verkauften Tauchmasken haben zusätzlich seitlich je ein weiteres Fenster. Damit wird das Blickfeld wesentlich erweitert. Dennoch haben sich diese Masken nicht durchsetzen können: Das zwangsläufig entstehende «Doppelbild» irritiert offensichtlich viele Benutzer.

Verschiedene Maskenformen. Der eigentliche Maskenkörper ist meist aus transparentem Silikon gefertigt

Dichtigkeits- und Sitztest beim Anprobieren einer Maske über Wasser: Sie muß *ohne* Halteriemen am Gesicht «kleben»bleiben, wenn durch die Nase ein geringer Unterdruck erzeugt wird.
Nicht geeignet sind Masken mit eingebauten Schnorcheln. Die Scheibe muß aus bruchfestem Sicherheitsglas sein.

Der Schnorchel

Aufgabe eines Schnorchels ist, die problemlose Atmung an der Wasseroberfläche zu ermöglichen, ohne den Kopf dabei aus dem Wasser heben zu müssen. Dieses einfache Gerät erlaubt das Schwimmen an der Oberfläche unter gleichzeitiger ununterbrochener Beobachtung der Unterwasserwelt. Beim Schwimmen mit Tauchgerät wird der Körper durch das auf dem Rücken befestigte Gerät belastet und sinkt ein. Das Herausheben des Kopfes zum Luftholen wäre für den Gerätetaucher über eine längere Strecke sehr anstrengend und damit gefährlich! Auch hier leistet der Schnorchel als Atemrohr gute Dienste.
Optimal sind Schnorchel mit einer Rohrlänge von ca. 40 cm und einem Rohrinnendurchmesser von ca. 20 mm.
Eine Verdoppelung dieses Durchmessers würde grob gerechnet eine Vervierfachung der im Rohr befindlichen Luftmenge bedeuten. Damit könnte es zu einer nicht ungefährlichen *Pendelatmung* kommen. Wichtig ist die strömungsgünstige Ausarbeitung ohne scharfe Knicke oder Faltenschlaucheinsätze.

Unterschiedliche Schnorchelkonstruktionen

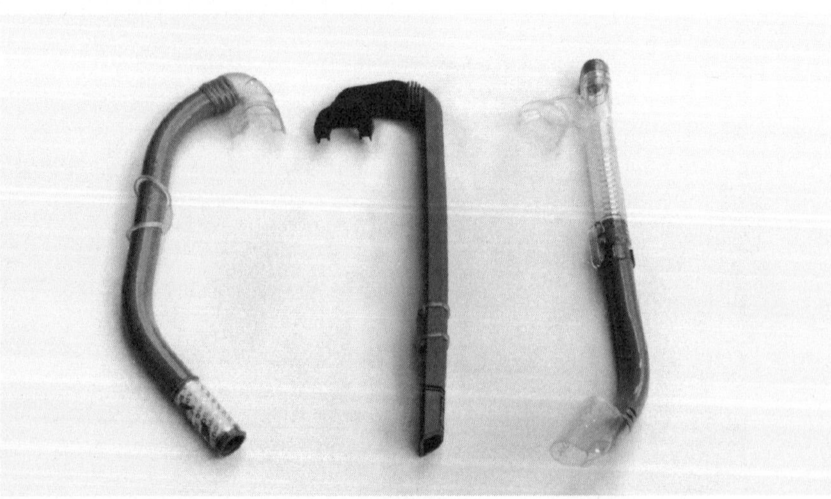

Das Mundstück sollte angenehm sitzen, um auch gelegentlich stundenlange Benutzung ohne Beschwerden zu ermöglichen.
Schnorchel werden aus Kunststoff oder Silikon, transparent oder undurchsichtig, hergestellt. Eine Ausführung in Schockfarben (Pink, Rot, Orange, Gelb) ist sinnvoll, man wird wesentlich besser gesehen. Das ist gerade an der Wasseroberfläche wichtig.
Schnorchel einfachster Bauart sind oft die besten. Das obere Ende sollte schlicht offen sein.
Nach Gebrauch in Salz- oder Chlorwasser sollte die ABC-Ausrüstung, mindestens jedoch Maske und Schnorchel, gründlich mit Süßwasser abgespült werden.

Der Kälteschutzanzug

Es gibt Gewässer und Situationen, in denen die Verwendung eines Kälteschutzanzuges auch beim Schnorcheln und Abtauchen mit ABC Vorteile bringt. Beim Gerätetauchen ist wegen der leicht erreichbaren größeren Tiefe und des ungleich längeren Aufenthaltes in der Tiefe die Benutzung eines Anzuges unumgänglich.
Mag das Wasser im See, an Ostsee und Mittelmeer noch so angenehm warm sein: Bereits in zwei bis drei Meter Tiefe wird es deutlich kälter. Noch tiefer fällt die Temperatur nicht selten um rund 10 Grad Celsius und mehr ab. Bei gut durchmischtem Wasser wird dieser Temperaturabfall relativ gleichmäßig erfolgen. In ruhigeren Gewässern kann das auch in mehreren Stufen ablaufen. Diese Stufen nennt man *Sprungschichten*. Sie sind fast immer sichtbar (Schlierenbildung), vor allem aber sehr unangenehm fühlbar, wenn kein Tauchanzug getragen wird.
Von Sporttauchern werden heute zwei Anzugsysteme verwendet: der Neopren-Naßtauchanzug und der Trockentauchanzug.

Neopren-Naßtauchanzüge

1958 wurden die ersten dieser Anzüge in Deutschland verkauft. Wirkung und Tragekomfort waren verblüffend gut. Ganz sicher hat diese Tauchbekleidung die steil ansteigende Popularitätskurve des Sports stark beeinflußt. Das hervorragend isolierende Material besteht aus aufgeschäumtem Neoprengummi mit vielen Millionen winziger Gasbläschen. Die Kombination von Gas und hauchdünnem Gummi bewirkt die Isolation.
In anderen Sportarten wie Windsurfen, Segeln, Kajak wurden ähnliche Anzüge (allerdings viel später) ebenso mit bestem Erfolg eingesetzt.
Auch gut anliegende Neoprenanzüge lassen das Wasser mehr oder weniger schnell eindringen. Es legt sich als Film zwischen Haut und Material, erwärmt sich dort und bildet eine weitere Isolationsschicht. Deshalb spricht man vom «Naßtauchanzug».

Das Neopren in den für Tauchanzüge verwendeten Stärken von 3–7 mm ist hoch dehnbar.
Außen sind Naßtauchanzüge mit einer Glatthaut oder mit einer aufkaschierten Nylongewebeschicht versehen.
Innen ist praktisch immer die Nylonkaschierung vorhanden. Sie erleichtert das Anziehen, macht das Tragen angenehm und reduziert die Reißempfindlichkeit des Neoprens erheblich. Seine Dehnbarkeit wird durch diese Beschichtung allerdings etwas herabgesetzt.
Für kalte Gewässer wie Binnenseen, Nord- und Ostsee, Atlantik wird Neopren von 7 mm Stärke verwendet.

Ca. 70 % der bei uns gekauften Naßtauchanzüge sind zweiteilig: lange Hose sowie Jacke mit angesetzter Kopfhaube. Reißverschlüsse erleichtern das An- und Ausziehen deutlich. Hinzu kommen Füßlinge und eventuell Handschuhe.
Deutlich zugenommen haben mit etwa 30 % Anteil die einteiligen Naßanzüge, die Overalls. Sie lassen sich schnell an- und ausziehen. Man fühlt sich in ihnen offensichtlich weniger «eingeengt».

Ein Naßtauchanzug erfüllt nur dann seine Aufgabe, wenn er möglichst überall eng am Körper anliegt. Damit wird ein unzweckmäßiger «Kühlwasseraustausch» verhindert. Sorgfältiges Anprobieren vor dem Kauf bzw. Anfertigung nach Maß lohnen sich.
Die Zeit der «schwarzen» Anzüge ist vorbei. Farbig abgesetzte Teile oder insgesamt eine auffällige Farbgebung verleihen Attraktivität und erhöhen die Sicherheit im Wasser.

Vorteile des Neoprenanzugs gegenüber dem Trockentauchanzug sind: sehr gute Beweglichkeit beim Tauchen und an Land sowie ein Anschaffungspreis, der ca. 50–70 % unter dem eines «Trockenen» liegt.
Nachteile und Grenzen des Neoprens sind: Das gasgefüllte Material ist *kompressibel*. Das heißt, je tiefer man damit taucht, desto geringer wird die Anzugstärke. Das hat zwei Konsequenzen: Einmal summiert sich der Wärmeverlust durch die geringer werdende Materialdicke und durch die geringer werdende Wassertemperatur. In der Praxis hat dies entsprechende Auswirkungen. So ist es gut möglich, sich in einem 7-mm-Anzug an der Oberfläche eines z. B. 10 Grad Celsius «warmen» Gewässers etwa 90 Minunten ohne Unterkühlungserscheinungen aufzuhalten. Taucht man statt dessen auf 30 m Tiefe, wo die Temperatur auf etwa +4 Grad Celsius abfällt und die Neoprenstärke nur noch etwa 2–3 mm beträgt, ist ein Taucher nach nur 10–15 Minuten so ausgekühlt, daß Auftauchen die einzige richtige Konsequenz ist.
Zum anderen bedeutet die Kompression des Materials, daß das Volumen des Tauchers sich der jeweiligen Wassertiefe entsprechend ändert. Der starke Auftrieb des Anzugs wird durch Tragen eines *Bleigürtels* ausgeglichen. Als Faustregel gilt: Pro mm Anzugstärke wird ca. 1 kg Blei benötigt. Ist ein Taucher z. B. mit seinem 7-mm-Neoprenanzug und einem 7-kg-Bleigürtel so austariert, daß er sich in 3 m Tiefe im Schwebezustand befindet, dann ändert sich dieses Gleichgewicht rapide auf dem Weg in die Tiefe. Auf 20 m (= 3 bar) ist das Volumen des Anzugs auf etwa ein Drittel geschrumpft. Die so entstehenden ca. 4 kg Abtrieb können zu einer gefährlichen Belastung werden! Diese Auftriebsdifferenzen lassen sich nur durch die aktive Benutzung der gebräuchlichen Tariermittel «Jacket» oder «Weste» ausgleichen.

Halbtrocken-Neoprenanzüge

Sie sind ein (guter) Kompromiß zwischen Naß- und Trockentauchanzügen, auch in bezug auf den Anschaffungspreis. Halbtrockene erreichen durch Dichtmanschetten eine weitgehende Wasserdichtigkeit und gute Isolation.
Eine steuerbare Veränderung des Volumens wie beim Trockentauchanzug ist jedoch nicht möglich.

Trockentauchanzüge

Unter diesen Begriff fallen Anzüge, deren Volumen unabhängig von der Tauchtiefe konstant gehalten werden kann. Erreicht wird das durch Zu- und Abgabe von (Druck-)Luft. Der Aufbau eines Trockentauchanzugs:
Das *Material* ist Neopren oder ein gummibeschichtetes Gewebe.
Die *Dichtigkeit* wird erreicht durch einen gasdichten Reißverschluß, durch Dichtmanschetten an Handgelenken, Hals bzw. am Gesicht und durch fest mit dem Anzug verbundene Füßlinge.
Die gute *Isolation* erklärt sich durch die Abdichtungen, durch die Möglichkeit, z. B. einen Faserpelz unterzuziehen, und durch das (möglichst geringe) Luftvolumen.
Das *konstante* Volumen wird ermöglicht durch eine Schlauchverbindung zwischen Anzug und Druckluft-tauchgerät.
Die Volumensteuerung erfolgt über Lufteinlaß- bzw. Luftauslaßventile. Diese Ventile müssen für den Taucher gut erreichbar sein. Das Auslaßventil muß in Kopfhöhe, mindestens jedoch in Brusthöhe positioniert sein.

Vorteile: Bezüglich der Wärmeisolation ist dieser Anzug einem Naßtauchanzug weit überlegen. Das steuerbare Volumen macht den Taucher unabhängig von Auftriebsveränderungen.
Nachteile: Die Beweglichkeit des Tauchers ist nicht so gut wie bei der Benutzung eines Naßtauchanzugs. Dies ist u. a. abhängig vom Material des Trockentauchanzugs, vom genutzten Volumen (Luft bzw. Unterziehzeug) und damit der benötigten Bleimenge. Das An- und Ausziehen erfordert u. U. einen Helfer. Der Preis des Anzugs ist zwei- bis dreimal so hoch wie der eines Naßtauchanzugs.
Die Benutzung solcher Anzüge erfordert Gewöhnung und taucherisches Können! Überwiegend benutzt werden sie von Tauchern, die sich viel in kaltem Was-

ser aufhalten: Profis, Biologen, Forschungstaucher. Sehr groß ist aber die Zahl der engagierten Sporttaucher, die sich inzwischen für den «Trockenen» entschieden haben.
Die Mehrzahl der Tauchsportler wählt noch den Naßtauchanzug. Vor dem Kauf eines Anzugs sind, abgesehen von den bereits beschriebenen Anforderungen, folgende Überlegungen zu treffen: Soll der Anzug nur beim Tauchen in wärmeren Regionen Verwendung finden? Dann genügt ein Neopren einfacher «Bauart» aus 5 mm starkem Material. Bei zweiteiligen Anzügen reicht gelegentlich auch das Oberteil. In tropischen Gewässern kann ein *Tropenoverall* aus 3 mm Neopren als Wärmeschutz ausreichend sein.
Wer aber lange und/oder viel in größeren Tiefen, in kaltem Wasser taucht, kommt um das 7-mm-Material nicht herum. Die Wärmeisolation läßt sich steigern durch Verwendung von Füßlingen und Handschuhen, bei zweiteiligen Anzügen durch eine überlange Hose. Alles muß gut anliegen, mit sauber verklebten und vernähten Schnittflächen. Bezüglich der Materialdicke gilt: Anzüge in *geringerer* Stärke als 5 mm sind in unseren Breiten nur für oberflächengebundene Aktivitäten wie Schnorcheln, Wettkampf, Wasserski, Surfen sinnvoll. Stärken *über* 7 mm bieten zwar eine entsprechend höhere Isolation, zunehmende Bewegungseinschränkung und Unbequemlichkeit sowie die dann gravierend wirkenden Auftriebsdifferenzen wären aber ein großer Nachteil.
Nach jedem Tauchen sollten die Anzüge mit Süßwasser gespült und so aufgehängt werden, daß die trocknende Luft im Innern überall Zutritt hat. Schnitt- und Rißstellen umgehend kleben. Tauchanzüge möglichst faltenfrei lagern.

Der Bleigürtel

Tauchen in Kälteschutzanzügen bedingt fast immer die Mitnahme von Gewichten. Dafür bietet sich wegen seiner hohen spezifischen Dichte (11,3) das *Blei* an. Bleigürtel sollten folgenden Anforderungen genügen (vgl. Foto Seite 44): Der Gürtel selbst muß aus unverrottbarem Material bestehen. Die Gewichte werden nach Entfernen des Gürtelschlosses auf den Gurt aufgezogen bzw. vom Gurt abgezogen. Schneller und besser, aber von der Herstellung her aufwendiger, ist das direkte Befestigen oder Lösen der Bleigewichte am Gurt, also ohne Abnehmen des Schlosses.
Kunststoff- oder Lacküberzug auf den Gewichten sieht nicht nur gut aus, sondern verhindert auch das Abfärben des ungeschützten Bleis.
Das Schloß muß so konstruiert sein, daß das sichere Öffnen und Schließen ohne visuelle Kontrolle möglich ist. Das Öffnen muß blitzschnell und mit einer Hand möglich sein, um in einer gefährlichen Situation den Gürtel ohne Umstände abwerfen zu können.

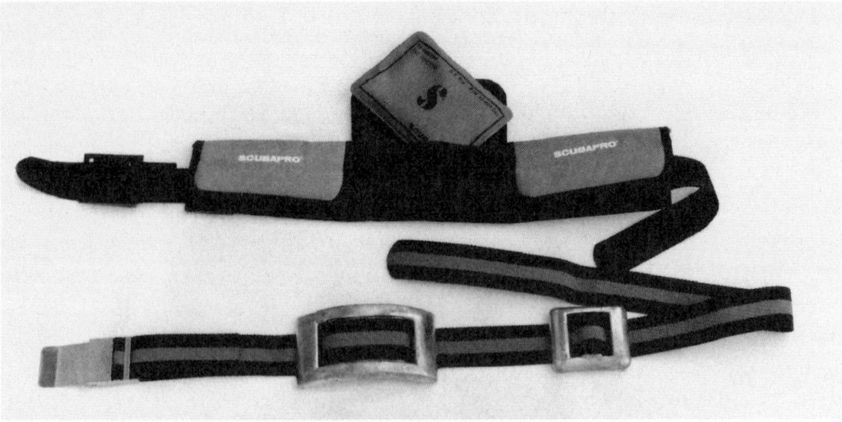

Zwei verschiedene Bleigürtel
unten: herkömmlicher Gürtel, bestückt mit Gewichten zwischen 1 und 2,5 kg
oben: «Softbleigürtel», eine neuere Entwicklung. In mit Klettband gesicherte Taschen werden weiche Gewichtspakete gelegt. In der Mitte ist eine solche Tasche geöffnet.

So trainiert man das Tauchen mit ABC-Ausrüstung

Tauchen mit der ABC-Ausrüstung kann man grundsätzlich in der Schwimmhalle wie auch im freien Wasser erlernen und trainieren.
Im *Schwimmbad* ist der Lern- und Trainingseffekt zunächst der größere: Unabhängig von Wetter und Seegang kann sich der Schüler völlig auf seine Übungen konzentrieren. Leistungskontrolle und -steigerung sind leicht möglich aufgrund der genau bekannten Abmessungen innerhalb des Schwimmbeckens.
Das *Freiwasser* ist nicht das ideale Terrain für den Anfänger. Es sichert aber die auf Dauer notwendige Konfrontation mit den natürlichen Gegebenheiten Seegang, Strömung, Tiefe und Kaltwasser. Ist gleichzeitig eine interessante Unterwasserszenerie vorhanden, dann ergibt sich eine vorteilhafte Verbindung von Lernen und Erleben.
Wird ohne Kälteschutzanzug geübt, dann kommt der Wassertemperatur entscheidende Bedeutung zu. Unter 20 Grad Celsius sinken Leistungsfähigkeit, Ausdauer und Lernantrieb sehr schnell ab.

Wie man die Ausrüstung anlegt

Die Flossen werden erst unmittelbar am oder im Wasser übergestreift. Im trockenen Zustand ist das Hineinschlüpfen schwieriger.
Die Tauchmaske wird an der Glasinnenseite unmittelbar vor dem Aufsetzen gründlich mit Speichel ausgerieben und nur flüchtig mit Wasser abgespült. Der so verbleibende Film verhindert das Beschlagen der Scheibe. Achtung: In die Maske hineinreichende Haarsträhnen bzw. Badekappenränder sorgen für Wassereinbruch (einen ähnlichen Effekt können Barthaare hervorrufen). Wie stramm das Halteband der Maske eingestellt werden muß, wird jeder selbst schnell herausfinden. In jedem Fall sollte die Maske so fest sitzen, daß nicht bereits der leichteste Stoß ein Verrutschen bewirkt.
Ob die Tauchmaske dicht sitzt, läßt sich vor dem Abtauchen feststellen. Wenn man durch die Nase ein leichtes Vakuum erzeugt, werden Undichtigkeiten schnell erkennbar.

Der Schnorchel wird beim Anlegen mit seiner oberen Öffnung zwischen Wange und Maskenhalteband hindurchgeführt. Dort sitzt er relativ fest, kann aber für spezielle Übungen leicht an- und abgelegt werden.

Übungen für Anfänger

Bei allen hier dargestellten Übungen wird davon ausgegangen, daß der Lernende noch keinerlei Unterricht im Schnorcheln und Tauchen hatte.
Alle Übungen können und sollten mit einem oder mehreren Partnern gleichzeitig gemacht werden. Das führt zur Motivationssteigerung wie auch (Selbst-)Erziehung zur Praktizierung des «Tauche nie allein».
Nicht jedermanns Sache ist es, auf Anhieb mit Maske, Flossen und Schnorchel gleichzeitig klarzukommen. Im gegebenen Fall ist ein schrittweises Gewöhnen an die Ausrüstung anzuwenden.

Übung 1
Flossenschwimmen in Rückenlage

Ziel: Gewöhnung an den Flossen-Beinschlag
Eine Methode, sich, unbelastet von Maske und Schnorchel, mit der Flossenarbeit vertraut zu machen, ist das Schwimmen in Rückenlage. Der Wechsel-Flossenschlag beider Beine kommt aus der Hüfte heraus; die Knie werden lediglich beim Aufwärtsschlag leicht angewinkelt.
Von vornherein ist darauf zu achten, daß die Flossen im Wasser bleiben. So verrichten sie ihre Vortriebsarbeit am wirksamsten. Jedes Durchbrechen der Wasseroberfläche bedeutet Energieverlust, erzeugt Spritzer und Geräusche, sieht unelegant aus.
Zunächst kommt es auf das erreichte Tempo überhaupt nicht an. Wichtig sind die gewonnene Kenntnis wie auch die (Selbst-)Kontrolle über die richtige, gleichmäßige, effektive Beinarbeit.

Übung 2
Schwimmen mit Flossen und Maske

Ziel: Gewöhnung an die Mundatmung

Mit dem Aufsetzen der Maske erfolgt zwangsläufig die Umstellung auf die ungewohnte Mundatmung. Zur ersten Gewöhnung daran sind kurze Schwimmstrecken von 10 bis 20 m in Rücken- oder Brustlage geeignet.

Übung 3
Schwimmen mit Flossen, Maske und Schnorchel

Ziel: Gewöhnung an dic Schnorchelatmung in Koordinierung mit richtigem Beinschlag. Ausdauertraining

Unter Hinzunahme des Schnorchels werden zunächst Strecken von 25 bis 50 m in Brustlage geschwommen (Kurzbezeichnung für diese Übung: Schnorcheln). Die Arme bleiben dabei angelegt oder in Vorhalte. Der Flossenschlag erfolgt wie beschrieben aus der Hüfte heraus. Das Bein ist beim Aufwärtsschlag gestreckt, beim Abwärtsschlag leicht angewinkelt. Die Flossen bleiben unter Wasser.

Wie bei anderen Übungen kommt es auch bei dieser im Anfangsstadium zum gelegentlichen Einatmen von Wasser, etwa wenn durch zu tiefes Eintauchen des Kopfes Wasser in den Schnorchel läuft. Mit der Gewöhnung an die Schnorchelatmung absolviert man aber gleichzeitig ein wichtiges Reflextraining: Wir erreichen dadurch, daß bei eingedrungenem Wasser die Atmung schlagartig abgebrochen wird und daß Wasser nicht in die Luftröhre gelangt.

Trainiert werden muß ebenso das Entfernen des eingedrungenen Wassers aus dem Schnorchel. Es wird an der Wasseroberfläche durch einen einzigen kräftigen Luftstoß herausgedrückt.

Entsprechend dem Trainingsstand werden die Schwimmstrecken beim Schnorcheln bis auf 500 m gesteigert, um Ausdauer bei der Flossenarbeit zu erreichen.

Übung 4
Abtauchen in Verbindung mit Druckausgleich

Ziel: elegant und mit geringem Kraftaufwand schnell untertauchen, ohne Abbruch durch Druckausgleichprobleme

Um einigermaßen akzeptabel abtauchen zu können, bedarf es schon einiger Übung. Es gibt dabei drei verschiedene Techniken:

a) Hüftknicktechnik: Sie ist vom Ablauf her die eleganteste und die schnellste, um Tiefe zu gewinnen.

- Erste Phase: Der Körper liegt entspannt auf dem Wasser, die Arme befinden sich leicht angewinkelt in der Vorhalte.
- Zweite Phase: Die Arme tauchen jetzt senkrecht ins Wasser. Ein Armzug gegen die Wasseroberfläche bringt den in der Hüfte abknickenden Oberkörper in eine tiefere Lage.
- Dritte Phase: Sofort im Anschluß werden die Beine aus dem Wasser gehoben. Das bedeutet geringeres Volumen im Wasser bei gleichbleibendem Gewicht. Die schlagartig verringerte Auftriebskraft bewirkt ein schnelles, vollständiges Eintauchen des Körpers.
- Vierte Phase: Erst jetzt, das heißt im Moment des Eintauchens der Flossen, beginnt der Beinschlag.

b) Abstoßtechnik: Sie wird angewendet beim Training in der Halle, wenn es darum geht, schnell und unter Ausnutzung des Abstoßeffekts von der Wand frei zu kommen.

- Erste Phase: An der Beckenkante im Wasser stehend bringt der Taucher durch Abstoßen oder Flossenschlag seinen Körper bis etwa zu den Schultern aus dem Wasser heraus. Dann läßt er sich, immer mit dem Rücken zur Wand, circa 0,5 bis 1 m tief absinken. Wichtig: geringer Wasserwiderstand durch Anlegen der Hände an den Körper. Die Flossenspitzen zeigen möglichst senkrecht zum Beckengrund.
- Zweite Phase: Durch entsprechende Armunterstützung sich jetzt von der senkrechten in eine waagerechte Lage bringen. Darauf achten, daß der Abstand zur Wand nicht zu groß wird. Er soll so bemessen sein, daß bei angewinkelten Beinen die Flossen dicht an der Wand sind.

- Dritte Phase: Die Flossen an die Wand bringen, die richtige Abstoßposition ertasten. Die Arme in Vorhalte bringen. Dann kräftig abstoßen. Die so erzielte Geschwindigkeit über eine Distanz von 1 bis 2 m ausnutzen, erst dann mit dem Beinschlag beginnen.

c) Absinktechnik: Sie wird beim Gerätetauchen oft angewandt, weil die Beweglichkeit durch schwere Ausrüstung begrenzt ist und die Hände nicht frei sind. Üben kann man den Vorgang auch mit ABC-Ausrüstung.

- Erste Phase: Durch kurzen Flossenschlag hebt der Taucher sich etwas aus dem Wasser heraus, um sich dann absinken zu lassen.
- Zweite Phase: Nach dem Absinken und Zum-Stillstand-Kommen in 1 bis 1,5 m Tiefe geht man aus der senkrechten Position mit dem Oberkörper in eine annähernd Waagerechte über.
- Dritte Phase: Durch Einsatz des Beinschlags bei dieser «abgeknickten» Körperhaltung schwenkt man in die Kopf-über-Position und beginnt den Abstieg.

Druckausgleich

Um nach einem gelungenen Abtauchvorgang nicht sofort wegen unangenehmer Ohrenschmerzen wieder auftauchen zu müssen, bedarf es der Beherrschung des Druckausgleichs im Mittelohr. Dieser erfolgt, wie bereits beschrieben, durch die Luftpressung gegen die zugehaltene Nase. Nach entsprechender Übung oder bei anatomisch bedingten Voraussetzungen genügt auch ein simples Schlucken.

Wartet man mit der Einleitung des Druckausgleichs, bis sich Ohrenschmerzen eingestellt haben, dann wird in vielen Fällen der Ausgleichsversuch mißlingen. Die Druckdifferenz ist bereits zu groß. Wichtig ist also: den ersten Druckausgleich in sehr geringer Tiefe herbeizuführen, das heißt in 0,5 bis 1 m Tiefe.

Für den Druckausgleich in den übrigen luftgefüllten Zonen gilt: In den *Maskeninnenraum* wird während des Abtauchens durch die Nase Luft abgegeben. Dieser Vorgang bedarf der Gewohnheit, bereitet aber keinerlei Schwierigkeiten.

In den *Nasennebenhöhlen* erfolgt der Ausgleich automatisch, es sei denn, eine Erkältung hat die Schleimhäute der Zuführungskanäle anschwellen lassen. Einzig mögliche Abhilfe in solch einem Fall ist: vor dem Tauchen schleimhautabschwellende Tropfen eingeben.

In der *Lunge* kommt es gleichfalls automatisch zum Ausgleich, beim ABC-Tauchen durch die Kompression der Lunge, während des Tauchens mit DTG durch die Atmung der jeweils unter Umgebungsdruck stehenden Luft.

Beim *Auftauchen* ist eine kontinuierliche Druckentlastung aller luftgefüllten Hohlräume des Körpers unabdingbar. Dieser Ausgleich geht ohne unsere willentliche Beeinflussung, also automatisch vor sich. Einzige Ausnahme: Wenn der Taucher unter Umgebungsdruck stehende Luft geatmet hat (DTG, Unterwasser-Hohlräume), dann muß er beim Aufstieg für Druckgleichheit in der Lunge sorgen. Beim Aufstieg unter Atmung aus dem Gerät gilt: normal weiteratmen. Während des Auftauchens ohne die Benutzung des Geräts gilt: gleichmäßig die Luft aus der Lunge abatmen.

Übung 5
Streckentauchen

Ziel: durch Training und Beachtung wichtiger Faktoren die Tauchstrecke allmählich steigern

Die vernünftige obere Grenze beim Streckentauchen trainierter Sporttaucher wird man mit 50 m angeben können. Die Hälfte (25 m) wird bei richtiger Anleitung auch von absoluten Anfängern nach erstaunlich kurzer Zeit erreicht, sehr oft schon nach drei bis sechs Trainingsstunden mit ABC-Ausrüstung.

Entscheidende Faktoren sind:

- Ausgeruht sein: Sofort nach einer vorausgegangenen anstrengenden Übung einen Streckentauchversuch zu starten ist unsinnig.
- Atmung: Ohne eine gewisse Voratmung (Hyperventilation) wird man beim Tauchtraining nicht auskommen. Diese aber beschränken auf eine Zeitdauer von 20 bis 30 Sek.; das sind etwa zehn tiefe schnelle Atemzüge.
  Die letzte Einatmung vor dem Start soll (sofern es um Strecken- und nicht um das Tieftauchen geht) die Lunge «nur» zu ca. 80 % füllen. Damit wird das unangenehme Preßgefühl vermieden.
- Schwimmstil, Kräfteeinsatz: Natürlich ist die erreichte Strecke auch von der Beherrschung eines effektiven Flossen-Beinschlags abhängig. Wenn es nicht gerade um Wettkampf geht, legt man beim Streckentauchen ein mittleres Tempo vor. Starker Kräfteeinsatz bringt kein besseres Ergebnis; denn der Zeitgewinn wird mehr als aufgehoben durch den enorm steigenden Sauerstoffverbrauch. Durch starke Anstrengung erhöht sich auch die Blackout-Gefahr.
- Wassertemperatur: Kaltes Wasser löst schnelle Auskühlung aus. Die Abwehrmaßnahmen des Körpers bedingen einen steigenden Sauerstoff-(O_2)-Verbrauch. Folge: kürzere Strecken beim Tauchen «in Apnoe».
- Individuelle Merkmale: Niemand darf beim Training zur Erreichung bestimmter Mindestweiten gedrängt werden.

Es ist für einen Taucher nicht von Nachteil, seine persönliche Leistungsgrenze beim Streckentauchen in etwa zu kennen. Typbedingte Unterschiede sind zu beachten. Der eine erreicht beim ersten Tauchversuch die größte Weite. Ein anderer hat beim ersten und zweiten Versuch noch Schwierigkeiten, steigert sich dann aber deutlich.

Grundsätzlich muß bei allen Versuchen der Taucher beobachtet, überwacht werden.

Ideal für das Streckentauchtraining ist die Schwimmhalle.

Übung 6
Zeittauchen

Ziel: unter weitgehender Vermeidung körperlicher Bewegung möglichst lange tauchen

Für das Zeittauchen gelten zum großen Teil die gleichen Voraussetzungen wie für das Streckentauchen. Da jedoch der Sauerstoffverbrauch des Körpers durch Energieeinsparung auf einem Minimum gehalten wird, erhöht sich die zu leistende Tauchzeit erheblich.

Die Mitnahme eines Gewichts bzw. das Festhalten unter Wasser, zum Beispiel an einer Leiter, sind beim Zeittauchen gute Hilfsmittel. Beginner sind nach einem zehnstündigen Tauchkurs durchaus in der Lage, ca. 45 Sek. zu tauchen. Für trainierte Taucher gelten 90 bis 120 Sek. als gute Leistung.

Übung 7
Kraulen

Ziel: relativ hohes Schwimmtempo wie auch die Fähigkeit entwickeln, lange Strecken mit ABC-Ausrüstung zu schwimmen.

Das Kraulen stellt eine ausgezeichnete Konditionsübung dar. Es wird in seiner Bedeutung für das sichere Sporttauchen gelegentlich noch unterschätzt. Eine Reihe von Situationen in der Praxis sind denkbar, in denen ein Taucher dank der Fähigkeit, ausdauernd und/oder schnell zu kraulen, manches Problem meistert.

Zur Übung selbst: Die Synchronisation von Beinschlag, Armzug und Atmung ist nicht schwierig. Die ABC-Ausrüstung macht das Erlernen dieses Schwimmstils leicht. Gerade auch die so wichtige Atemtechnik wird durch den Schnorchel problemlos.
Beim *Armzug* wird die Hand weit vor dem Kopf in das Wasser geführt, und zwar in solch einem Winkel, daß dabei ein möglichst geringer Wasserwiderstand entsteht. Die seitliche Position von Arm/Hand ist parallel zur Körperachse. Unter Wasser werden die Arme bis in Höhe der Taille gezogen, dann über Wasser nach vorn geschwungen.
Der *Beinschlag* ist praktisch gleich der Bewegung beim Schnorcheln und Tauchen. Allerdings läßt sich die Forderung, die Flossen während des Schwimmens vollständig unter Wasser zu halten, beim Kraulen nicht mehr hundertprozentig erfüllen: Durch die höhere Geschwindigkeit wird der Auftrieb, den Beine und Flossen erfahren, zu groß.
Das Verhältnis im Rhythmus zwischen Armzug und Beinschlag liegt bei Sporttauchern meist bei eins zu drei, das heißt, auf einen Armzug kommen drei Beinschläge.

Übung 8
Wende

Ziel: schnelle Richtungsänderung im Hallenbad

Der *Wende* kommt Bedeutung zu beim regelmäßigen Hallentraining.

Wir kennen die Drehwende und die Rollwende. Letztere ist etwas schneller und stellt gleichzeitig eine gute Orientierungs- und Geschicklichkeitsübung dar.

Die Drehwende

- Erste Phase: Beim Anschwimmen der Wand wird mit einer oder auch beiden Händen die Überlaufrinne erfaßt.
- Zweite Phase: Der Körper wird durch Armbeugung an die Wand herangezogen und gleichzeitig etwas aus dem Wasser herausgehoben.
- Dritte Phase: Jetzt beginnt die Drehung, und zwar beliebig nach rechts oder links. Dazu stößt man sich mit der an der Wand befindlichen Hand kräftig ab. Ist die Drehung vollendet, dann kommt es unmittelbar darauf zum Absinken des zum Teil aus dem Wasser ragenden Oberkörpers.
- Vierte Phase: Die Arme werden nach vorn gestreckt, die Flossen an die Wand gestellt; der Abstoß des jetzt unter Wasser liegenden Körpers erfolgt mit großer Kraft. Der so gewonnene Schub wird zunächst genutzt (Gleitphase), bevor wieder mit Beinschlag und Armzug begonnen wird.

Die Rollwende

- Erste Phase: Beim Anschwimmen der Wand wird die Rolle vorwärts mit einer Gleichzugbewegung der Arme eingeleitet.
- Zweite Phase: Durch den Armzug in Verbindung mit dem Abknicken des Oberkörpers und Anziehen des Kopfes an die Brust werden ca. 90 Grad der 180-Grad-Bewegung bewerkstelligt.
- Dritte Phase: Die Beine werden jetzt angehockt an die Wand gebracht. Der dabei entstehende Schwung wird genutzt zur Vollendung der Rolle.
- Vierte Phase: Im Moment der Berührung zwischen Flossen und Wand erfolgt der kräftige Abstoß. Noch während des Abstoßens erfolgt die Schraubenbewegung, um aus der Rückenlage wieder in die Bauchlage zu kommen.
  Die Unterwassergleitphase nutzen; erst dann wieder mit Schwimmbewegungen beginnen.

Übungen für Fortgeschrittene

Die nachfolgend aufgezeigten Übungen erweitern die vorangegangenen. Sie sind im Freiwasser und in der Halle durchführbar und steigern die Beweglichkeit mit der ABC-Ausrüstung im Wasser.

Übung 1
Sprung ins Wasser

Ziel: auf unkomplizierte Art sicher ins Wasser gelangen; als Vorübung für das Springen mit Gerät gedacht.
Hinweis: Gesprungen werden darf nur, wenn das Wasser so durchsichtig ist, daß vorhandene Hindernisse auch erkannt werden können.

Fußsprung
Es ist der sicherste Sprung, der bis aus 5 m Höhe ausgeführt werden kann. Unmittelbar vor dem Abspringen überzeugen, daß sich kein Schwimmer/Taucher im Einsprungbereich befindet. Während des Sprungs Beine geschlossen halten, mit einer Hand die aufgesetzte Tauchmaske festhalten, Wasseroberfläche beobachten. Erst kurz vor dem Eintauchen den Kopf etwas anheben, damit die Maskenscheibe nicht frontal auf das Wasser prallt.

Rolle rückwärts

Sie wird da vorteilhaft angewendet, wo ein unsicherer Stand den Fußsprung erschwert oder unmöglich macht, zum Beispiel im schwankenden Boot.

Auf der Kante (eines Boots, Stegs, Sprungbretts) sitzend, den Rücken dem Wasser zugewandt, läßt man sich nach hinten fallen. Der Schwung der Beine sorgt für genügenden Abstand zur Absprungkante. Der Aufprall auf das Wasser erfolgt mit Kopf/Schulter. Die Maske wird bis nach dem Eintauchen festgehalten.

Übung 2
Maske ausblasen

Ziel: in jeder Situation in der Lage sein, in die Tauchmaske eingedrungenes Wasser sofort zu entfernen. Diese Übung hat einen hohen Stellenwert, auch und gerade im Hinblick auf das spätere Tauchen mit Gerät. Das Ausblasen der Maske sollte so oft geübt werden, bis es fast reflexmäßig (also ohne Nachdenken über den technischen Ablauf) funktioniert! So erreicht man, daß eine voll Wasser gelaufene Tauchmaske nicht den Anlaß zur Panik gibt.
Das Ausblasen der Maske kann auch ohne Benutzung eines DTG erlernt werden. Als Übungsplatz ist ein Schwimmbecken bestens geeignet.

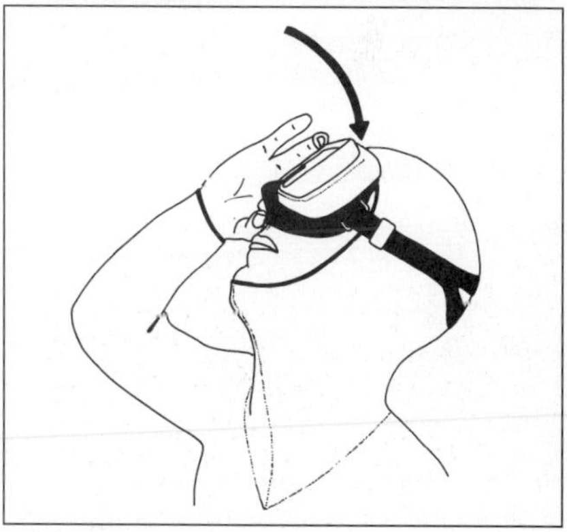

Für die ersten Versuche genügt brusttiefes Wasser. Durch Hinhocken bringt man den Kopf mit der aufgesetzten Maske knapp unter die Oberfläche. Durch ein Gewicht oder durch die abwärts drückende Hand eines Partners fallen störende Auftriebsprobleme fort. Der Kopf wird jetzt so weit nach hinten geneigt, daß man schräg nach oben gegen die Wasseroberfläche blickt.
Mit beiden Händen wird nun die Maske erfaßt und etwas vom Gesicht abgehoben, bis sie voll Wasser gelaufen ist. Dann wird sie wieder ans Gesicht gelegt und nur oben, im Bereich der Stirn, etwas angedrückt. Jetzt wird Luft durch die Nase eingeblasen. Die Luft sammelt sich im oberen Bereich der Tauchmaske, bildet eine immer größer werdende Blase und drückt durch den leichten Überdruck das Wasser aus der sich unten öffnenden Maske heraus. Soweit der physikalische Vorgang.
Schwierigkeiten beim Ausblasen der Maske oder auch beim restlosen Entfernen des Wassers kann es geben, wenn folgende typische Fehler gemacht werden:

- Die Maske wird oben geöffnet.
- Die Maske wird unten zu weit abgehoben, so daß seitlich neues Wasser einbricht.

- Der Kopf wird nicht weit genug nach hinten gebeugt, dann bleibt Restwasser in den Ausbuchtungen der Maske zurück.
- Der Kopf wird zu weit nach hinten gebeugt; dann kann Wasser in die Nase eindringen und/oder in den Augenhöhlen liegen bleiben.

Mitunter sind Taucher trotz größter Anstrengungen nicht in der Lage, genügend Luft aus der Nase abzugeben; ein Reflex, der bei Berührung des Gesichtsfeldes (Nase, Augen) mit Wasser einsetzt, blockiert die Ausatmung durch die Nase. In solch einem Fall muß der Betreffende bei allen sich bietenden Gelegenheiten (Badewanne, Schüssel mit kaltem Wasser, Schwimmbad) versuchen, sich an die Ausatmung durch die Nase im Wasser zu gewöhnen, den Reflex also willentlich abzuschalten.
Als perfekt gekonnt kann die Übung bezeichnet werden, wenn sie in 1 bis 2 Sek. durchgeführt ist und dabei in etwa nur so viel Luft verbraucht wurde, wie es der verdrängten Wassermenge entspricht.
Moderne Tauchmasken mit ihrem geringen Volumen ermöglichen ein mehrmaliges Ausblasen mit einer einzigen Lungenfüllung.

Übung 3
Streckentauchen in verschiedenen Lagen / Stilarten

Ziel: Technik und Gewandtheit steigern, Gleichgewichtsgefühl entwickeln, Bewegungsablauf rationalisieren
Alle Übungen können mit verschiedenen Geschwindigkeiten variiert werden.
Beispiel: 25-m-Streckentauchen. Auftauchen und Wende. 25 m langsam zurückschnorcheln, währenddessen erholen und vorbereiten für sofort anschließenden weiteren Tauchversuch.

1. Tauchen in Brustlage, Arme in Vorhalte (Foto Seite 61 oben)
Der Effekt liegt hier in der Konzentration auf den Beinschlag. Gleichzeitig «erfährt» man die Wirkung der Hände als Tiefenruder, und zwar durch Veränderung der Anstellfläche.

2. Tauchen in der Rückenlage (Foto Seite 61 unten)
Sich sicher in ungewohnter Lage bewegen zu können und die Orientierungsfähigkeit zu schulen sind die speziellen Ziele dieser Übung.
Ablauf: Der Start beginnt zunächst normal in Brustlage. Nach etwa 2 bis 3 m dicht über Grund dreht man sich schnell in Rückenlage und taucht ohne Stopp weiter. Dabei muß der Kopf so weit in den Nacken abgewinkelt werden, daß die zu tauchende Strecke visuell erfaßt wird. Jetzt versuchen, auf möglichst gerader Linie ins Ziel zu gelangen.

Interessant ist, daß viele Taucher angeben, in Rückenlage und nach Zurücklegung ihrer üblichen Tauchstrecke die Atemnot nicht so stark zu empfinden wie beim Tauchen in Brustlage. Eine fundierte Erklärung für dieses Phänomen gibt es allerdings nicht.

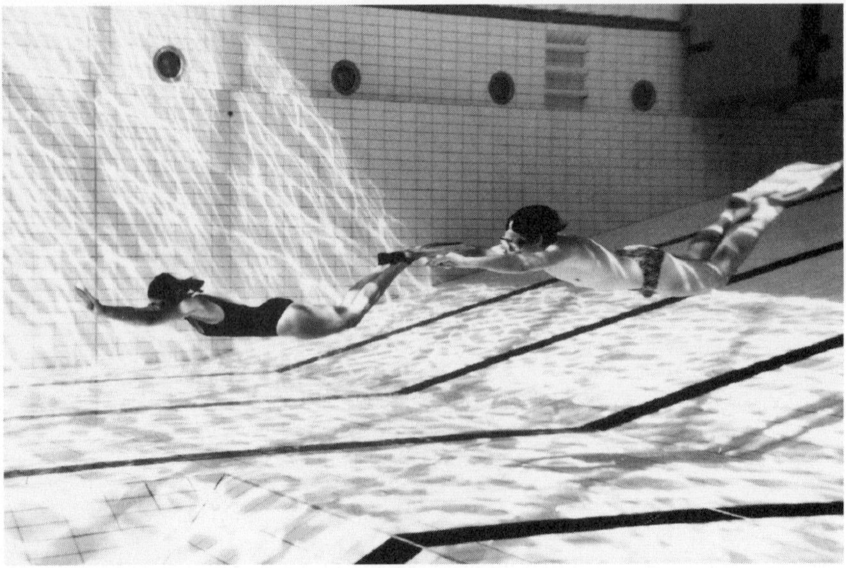

3. Tauchen im Delphinstil

Bezeichnend für diesen Stil (Foto oben) ist der Einsatz des ganzen Körpers sowie der charakteristische Beinschlag. Die Beine werden nicht im Wechselschlag, sondern im Gleichschlag bewegt.

Es ist ein Tauchstil, der geübt sein will, elegant aussieht und hohe Geschwindigkeiten ermöglicht. Seine Ausübung ist allerdings auf das Hallentraining bzw. auf Wettkampfveranstaltungen beschränkt.

Das Kriterium beim Delphinstil ist das Erlernen und Beherrschen des optimalen Bewegungsablaufs. Der Vortrieb durch den geschlossenen Beinschlag ist nur dann möglich, wenn der ganze Körper in den Bewegungsablauf eingeschaltet ist.

Ablauf: Den gesamten Körper durchläuft im fließenden Rhythmus eine ständige Wellenbewegung. Bei Arme in Vorhalte beginnt diese Bewegung in den Händen und Armen, setzt sich mit gleichmäßiger Geschwindigkeit über den Rumpf bis in die Beine fort und läuft in einem kräftigen Flossenschlag aus (Peitscheneffekt).

Zur ersten Gewöhnung an den Flossengleichschlag ist das Delphinschwimmen in Rückenlage mit angelegten Armen zu empfehlen.

4. Drehen um die Körperachse

Hierbei dreht man sich während einer Tauchstrecke von zum Beispiel 25 m ständig um die eigene Achse im Rhythmus von drei- bis fünfmal links- und drei- bis fünfmal rechtsherum. Dabei wird ein Drehschwindel erzeugt, der höchste Konzentration auf die Orientierung erfordert.

Übung 4
Looping

Ziel: Gewandtheit und Orientierungsfähigkeit steigern

Beim Looping sind auf kleinstem Raum Kreise in vertikaler Richtung zu tauchen.

Variationen: Looping vorwärts, rückwärts, in Verbindung mit Streckentauchen.

Die Armhilfe ist ein wichtiger Faktor beim Looping. Armgleichzug bzw. kreisende Armbewegungen ermöglichen einen engen Radius.

Übung 5
Anlegen der ABC-Ausrüstung unter Wasser

Ziel: auch ohne Benutzung der Tauchmaske unter Wasser «sehen» und bestimmte Aufgaben lösen können
Die Ausrüstung auf 3 bis 4 m Tiefe versenken, nachtauchen, suchen, anlegen, Maske ausblasen.
Natürlich ist es vorteilhaft, als erstes die Maske zu suchen und anzulegen. Anfänger verschwenden aber nicht selten ihre Luft beim Maske-Ausblasen derart, daß ihnen dann kein Sauerstoff mehr bleibt für das Anziehen der Flossen.

Übung 6
Geschicklichkeitstauchen

Ziel: Körperbeherrschung, Konzentrationsfähigkeit steigern
Für solche Übungen gibt es zahlreiche Varianten. Der Phantasie sind hier kaum Grenzen gesetzt.
Beliebt ist das Durchtauchen von engen Tunnels, Toren, Reifen. Die Forderung dabei lautet: möglichst schnelles Passieren der Hindernisse ohne Berührung oder gar Hängenbleiben! Dabei entwickelt man ein Gefühl dafür, in welcher Position sich Beine und Flossen befinden. Weitere Übungen sind: Anschrauben und Montieren von Gegenständen.

Übung 7
Gewichte bergen

Ziel: Beinmuskeln auf kurzzeitige Höchstbelastungen trainieren

Auch im Hinblick auf späteres Gerätetauchen ist die Fähigkeit zu kräftigen Spurts, zum Beispiel beim Bergen eines Gegenstands oder beim Tauchen gegen eine plötzliche Strömung, wichtig.

Aufgabe ist, ein Gewicht (Bleigürtel), dessen Schwere je nach Trainingsstand variiert wird, aus 2 bis 4 m Tiefe zu bergen.

Man lernt unter anderem dabei, wie wichtig der kräftige Abstoß vom Grund ist; dabei muß man das Gewicht so halten, daß die Beinarbeit nicht behindert wird.

Übung 8
Schwimmen und Tauchen mit einer Flosse/ohne Schnorchel

Ziel: sich auch mit unvollständiger Ausrüstung sicher im Wasser bewegen

Der Verlust einer Flosse während des Tauchens oder Schwimmens im freien Wasser ist kein Grund zur Beunruhigung – wenn eine solche Situation gelegentlich simuliert und somit trainiert worden ist. Genau wie beim normalen Flossenschwimmen wird dabei der Wechselbeinschlag angewendet. Ungewohnt dabei ist zunächst das «Ins-Leere-Schlagen» des Beins ohne Flosse.

Das Schwimmen an der Oberfläche nach dem Verlust des Schnorchels wirft insbesondere dann Probleme auf, wenn zusätzliche Ausrüstung (UW-Kamera, Tauchgerät) transportiert werden muß. Nur die Rückenlage ermöglicht dann ein sicheres und bequemes Schwimmen.

Spezielle Partnerübungen

Übung 9
Schwimmen an der Oberfläche mit Schnorchelwechsel

Ziel: Training auf Wechselatmung bzw. Benutzung von Zweitautomaten für das spätere Tauchen mit DTG

Zwei bis vier Taucher schwimmen eine Strecke von 50 m in Brustlage. Für die Gruppe ist nur ein einziger Schnorchel vorhanden. Jeder Teilnehmer nimmt zwei bis drei Atemzüge durch den Schnorchel, reicht ihn dem nächsten Schwimmer und hält die Luft so lange an, bis er wieder in den Besitz des Schnorchels kommt.

Übung 10
Maskenwechsel während des Tauchens

Ziel: Maske aufsetzen und ausblasen ohne Unterbrechung der Fortbewegung

Zwei Taucher tauchen über eine Distanz von 25 m in gleichmäßigem Tempo nebeneinander her. Dabei tauschen sie ihre Tauchmasken aus, setzen die jeweils andere auf, blasen sie aus und tauchen die Strecke zu Ende.

Übung 11
In Reihe tauchen

Ziel: Training auf das Tauchen mit der Gruppe in freiem Wasser
Ständige Beobachtung des Partners wie auch die Fähigkeit zusammenzubleiben sind wichtige Kriterien beim Tauchen in der Gruppe.
Bei dieser Übung versuchen drei bis fünf Taucher, eine Distanz von 25 m mit gleichmäßiger Geschwindigkeit so zu durchtauchen, daß alle Teilnehmer in Formation schwimmen. Während der ganzen Strecke sollen die Taucher also auf gleicher Höhe und in gleicher Tiefe zusammenbleiben.

Übung 12
Schieben des Partners unter Wasser (Foto Seite 67)

Ziel: Geschicklichkeit und Kraft einsetzen, um einen Gegenstand während des Tauchens führen und bugsieren zu können
Zwei Teilnehmer tauchen kurz hintereinander ab. Der Hintermann packt die Fersen des wartenden Vordermanns und schiebt diesen mit kräftigen Flossenschlägen über eine Distanz von 15 bis 25 m. Dem Vorantauchenden kommt dabei die Aufgabe der «Tiefensteuerung» durch entsprechenden Anstellwinkel der Arme bzw. Hände zu.

Übung 13
Ziehen des Partners über Wasser durch Armzug

Ziel: Konditionsübung für die Armarbeit
Über eine Strecke von ca. 50 m zieht ein Flossenschwimmer seinen Partner. Der hält sich an den ruhenden Flossen des Ziehenden fest. – Wichtig: Der Gezogene sollte die Beine des Ziehenden dicht an der Wasseroberfläche halten. So wird diesem die Arbeit erleichtert.

Übung 14
Bergen und Abschleppen

Ziel: den Ernstfall trainieren, um bei Unfällen Hilfe leisten zu können. Mit Hilfe der ABC-Ausrüstung ist es sehr gut möglich, im Wasser verunglückte Menschen zu finden und zu bergen.
Beim Training geht man so vor: Ein Taucher begibt sich in 3–5 m Tiefe in «Wartestellung». Der Partner taucht nach, packt den «Verunfallten» so, daß er ihm während des Hochbringens ins Gesicht sehen und ihm den Kopf überstrecken (!) kann. An der Wasseroberfläche angekommen, faßt der Helfende den zu Schleppenden von hinten so, daß dessen Kinn-Hinterkopf-Partie in seinen ziehenden Händen liegt. Während des Abschleppens befinden sich also beide Partner in Rückenlage. – Wichtig: Auf der gesamten Schleppstrecke darauf achten, daß der Mund des «Verunglückten» so weit über Wasser ist, daß die Atmung nicht behindert wird.

Das Tauchen mit ABC-Ausrüstung im freien Wasser

Der gekonnte Umgang mit Flossen, Maske und Schnorchel eröffnet im freien Wasser vielfältige Möglichkeiten. Die Fähigkeit, das Erlernte langfristig anwenden zu können, verlangt zumindest gelegentliches Tauchen mit ABC-Ausrüstung im Freiwasser. Das gilt insbesondere für die «Nur-Gerätetaucher». Es dürfte einleuchten, daß derjenige im Vorteil ist, der beides beherrscht: das Tauchen mit und ohne Gerät. Wenn getaucht werden soll, und sei es nur bis 2 m Tiefe, gehört unbedingt ein Partner dazu. Nur ein gut ausgebildeter Tauchpartner ist in der Lage, bei einem Tauchunfall die entscheidenden Sekunden zwischen einer eventuell eingetretenen Ohnmacht und dem Ertrinken zum Hochschaffen an die Oberfläche zu nutzen.

Hallentraining und problemloser Druckausgleich sind als Vorbereitung auf größere Tauchtiefen nicht ausreichend. Bei den ersten Versuchen im Freiwasser wird man kaum Tiefen von mehr als 5 m erreichen können. Für viele Taucher gilt es zunächst die Angst vor der Tiefe zu überwinden.

Diese Beklemmung erklärt sich aus der Furcht vor der zunehmenden Dunkelheit und vor dem Unbekannten. Hinzu kommt die abnehmende Temperatur. Schließlich gilt es zu bedenken, daß das angestrebte Ziel am Meeresgrund nur eine Hälfte der Tauchstrecke ausmacht; der Rückweg zur Oberfläche muß einkalkuliert werden.

Sicher sind diese Faktoren in ihrer Wirkung stark von dem Gewässer abhängig. So ist das Abtauchen auf 10 m Tiefe in der kalten, nicht sehr klaren und relativ dunklen Ostsee als Leistung wesentlich höher zu bewerten als der gleiche Versuch im glasklaren und angenehm warmen Mittelmeer.

Jeder Sporttaucher sollte ohne besondere Anstrengungen 8 bis 10 m Tiefe erreichen können. Auf das Tieftauchen trainierte Sporttaucher kommen auf 20 bis 30 m.

Dem Tieftauchen ohne Atemgerät sind keineswegs nur wegen des Luftanhaltevermögens Grenzen gesetzt. Eine wesentliche Rolle spielt auch die begrenzte Zusammenpreßbarkeit der Lunge. Wird dabei ein bestimmter individueller Wert überschritten, kann es zu Schädigungen durch ein *Lungenbarotrauma* kommen. Die persönliche Tiefengrenze läßt sich in etwa nach dieser Formel errechnen:

$$\frac{\text{Gesamtvolumen der Lunge}}{\text{Minimalvolumen der Lunge}} = \text{zulässiger Druck in bar}$$

Diese Berechnungen haben aber nur theoretischen Wert, da sie Maximaltiefen für Sporttaucher angeben, von denen jene zu Beginn eines Tieftauchtrainings noch weit entfernt sind.

Kondition und Konstitution bestimmen das Luftanhaltevermögen und die Vitalkapazität. Wie tief man «ohne» tauchen kann, ist immer das Resultat von diesen *und* von einer ganzen Reihe weiterer Faktoren: Gewöhnung an Dunkelheit/Kälte, Tagesform, Ehrgeiz, Gelassenheit, effektiver Flossen-Schwimmstil, Wahl der richtigen Flossen/der richtigen Maske (Volumen), Wassersicht und -temperatur. Den Beginn des relativen Unterdrucks beim Erreichen bzw. Überschreiten seiner persönlichen «rechnerischen» Tiefengrenze spürt ein Taucher durch ein Soggefühl im Kehlbereich.
Beim Tauchen im Freiwasser gilt: Hyperventilation (Voratmung) ist gefährlich! Zwar ist die Wahrscheinlichkeit eines Blackouts nicht größer als im Schwimmbad, aber eine solche Ohnmacht ist im freien Wasser ungleich problematischer. Eine gewisse Voratmung ist sinnvoll, sollte aber auf zehn Atemzüge beschränkt werden.

Im Gegensatz zum Streckentauchen muß beim Tieftauchen die Lunge *maximal* gefüllt sein. Dadurch verschiebt man die Grenze der Brustkorb-Kompressibilität, kann also tiefer tauchen als z. B. mit halber Lungenfüllung.
Zur *Ausrüstung* beim Tauchen im Freiwasser gehören Maske, Flossen, Schnorchel, eventuell auch Tauchanzug und Bleigürtel. Bei der Maske ist es für diese Art des Tauchens ratsam, auf ein möglichst kleines Volumen zu achten: je geringer, desto weniger muß zwecks Druckausgleich in die Maske gegeben werden. Ein Messer und ein Tiefenmesser sind wichtige Hilfsmittel auch beim Tauchen ohne Gerät.
Wird mit Neoprenanzug getaucht, dann wird dessen Auftrieb mittels Bleigewichten kompensiert. Wie schwer dieser Gürtel sein muß, ist individuell verschieden und hängt von mehreren Faktoren ab:
Neoprenmaterialstärke, Dichte des Mediums (Salz-/Süßwasser), Tauchtiefe, Vorhaben, Kondition.

Neoprenstärke: Stärkeres Material = mehr Auftrieb = mehr Blei! Und je dicker das Material, desto größer sind die Abweichungen vom hydrostatischen Gleichgewicht in den geringen und/oder in den großen Tiefen.
Grund: Die Gasblasen des Neoprens verändern ihr Volumen entsprechend dem jeweiligen Umgebungsdruck.

Dichte des Mediums: Salzwasser ist schwerer, bewirkt deshalb größeren Auftrieb und erfordert daher mehr Gewicht am Bleigürtel. Das kann je nach Anzug und Salzgehalt 1–2,5 kg ausmachen.

Tauchtiefe: Je größer die geplante Tauchtiefe, desto weniger Blei sollte am Gürtel sein. Beim (tieferen) Tauchen ohne Atemgerät addieren sich die Volumenabnahme des Neoprens und der Lunge! Wer solche Tauchversuche mit «normalem» Bleigürtel macht, erreicht zwar leicht sein Ziel am Grund, kann aber in große Probleme beim Aufstieg geraten.

Vorhaben: Ein Unterwasser-Fotograf bzw. -Filmer wird für bestimmte Aufgaben mehr Blei anlegen, um auf dem Grund eine gewisse Standfestigkeit zu erreichen. Will dagegen ein Taucher einen Gegenstand bergen, wird er dies im Regelfall mit einem Minimum an Blei versuchen.

Kondition: Sie ermöglicht, erhebliche Auftriebsdifferenzen durch entsprechende Beinarbeit leichter auszugleichen.

Aufgrund der verschiedenen Einflußfaktoren und der persönlichen Einstellung ist es nicht möglich, das «richtige» Gewicht eines Gürtels zu errechnen. Als sehr sicher und angenehm hat sich erwiesen, den Bleigürtel so zu bestücken, daß man in der Zone 0 bis ca. 4 m positiven Auftrieb hat, also ohne eigenes Zutun zur Oberfläche treibt.

Das Tieftauchen

Am Beispiel eines Tauchversuchs auf 10 m Tiefe mit Neoprenanzug lassen sich die einzelnen Phasen des Tauchvorgangs darstellen.
10 Meter Wassertiefe sind für einen Freitaucher bereits eine gute Leistung. Die angestrebte Tauchtiefe muß nicht beim ersten Versuch erreicht werden. Besser ist sogar ein «Herantasten» durch z. B. zwei vorhergehende Tests auf 5 und 8 m Tiefe. Dabei können Sicht, Strömung, Kälte und «Tagesform» beurteilt werden. Das Vorhaben wird mit dem Tauchpartner genau durchgesprochen. Dann beginnt der Versuch. Der Körper liegt entspannt an der Wasseroberfläche, eine kurze Voratmung erfolgt. Nach entsprechenden Handzeichen zwischen den Partnern taucht die Gruppe ab.
Der zunächst noch deutliche Auftrieb verlangt schwungvolles Abtauchen und starkes Beschleunigen auf den ersten Metern. Gleichzeitig muß Druckausgleich erreicht werden, spätestens in 2 m Tiefe, auf jeden Fall bevor ein Schmerz in den Ohren als Warnsignal auftritt.
Sind 4 bis 5 m Tiefe erreicht, kann der Kräfteeinsatz gedrosselt werden: Man passiert die Zone des hydrostatischen Gleichgewichts. In 7 bis 8 m Tiefe beginnt der Übergang in den «freien Fall». Ohne eigene Bewegung sinkt man dem Grund entgegen und geht in den «Landeanflug» über.
Während des gesamten Abtauchens dürfen die Partner sich nicht aus den Augen lassen. Stoppt einer der Taucher, dann wartet auch der Begleiter.
Beim Aufstieg durchschwimmt der Taucher die Zone des negativen Auftriebs mit verstärktem Kräfteeinsatz. Je höher er steigt, desto geringer wird die notwendige Flossenarbeit. Das ist eine Erleichterung, die dem schwindenden Sauerstoff im Blut entgegenkommt.
Die letzte Phase des Aufstiegs geht in flottem Tempo vor sich, wenn nicht durch Einstellung der Flossenarbeit oder sogar durch Ausbreiten der Arme gebremst wird. In jedem Fall muß man sich während der letzten Meter langsam im Kreis drehen, die Oberfläche beobachten und auf Geräusche achten. Sich nähernde Motorboote sind eine große Gefahr für Taucher. Nach Durchbrechen des Wasserspiegels verschafft man sich durch eine schnelle Drehung um die eigene Achse einen Überblick über die Situation an der Wasseroberfläche.

Das Tauchen mit Drucklufttauchgerät

Wissenswertes zur Tauchphysiologie und Tauchphysik

Um die Wirkung der Gase im menschlichen Körper beurteilen zu können, muß man zunächst wissen, daß sich Gase in Flüssigkeiten lösen; sie werden selbst flüssig. Wie schnell sich wieviel Gas in einer Flüssigkeit löst, erklärt das *Henrysche Gesetz*: Die in einer Flüssigkeit gelöste Gasmenge ist ihrem Partialdruck auf der Flüssigkeitsoberfläche proportional.

Partialdruck heißt Teildruck. Nach dem *Daltonschen Gesetz* ergibt sich der Gesamtdruck eines Gasgemischs aus den addierten Partialdrücken der verschiedenen Gasanteile.

Beispiel

Der (a) in Meeresspiegelhöhe und (b) in 10 m Wassertiefe herrschende Gesamtdruck des Gasgemischs «Luft» setzt sich aus folgenden Partialdrücken zusammen:

Gas	prozentualer Anteil	Partialdruck in Meeresspiegelhöhe	Partialdruck in 10 m Tiefe
Sauerstoff	20 %	0,20 bar	0,40 bar
Stickstoff	79 %	0,79 bar	1,58 bar
Restgase (CO_2, Edelgase)	1 %	0,01 bar	0,02 bar
= Luft	100 %	1,00 bar (= Gesamtdruck)	2,00 bar (= Gesamtdruck)

Jedes im Gemisch enthaltene Gas übt also nur den Druck aus, der seinem Anteil entspricht. Nach dem Henryschen Gesetz gilt: Je höher der Partialdruck eines Gases ist, desto mehr löst sich von ihm in einer Flüssigkeit.
Weitere Faktoren, die für die Löslichkeit von Gasen eine Rolle spielen, sind die Art des Gases, sein Lösungskoeffizient, die Größe der Flüssigkeitsoberfläche sowie Art und Temperatur der Flüssigkeit.
Auf das Tauchen mit Druckluft bezogen, ist es wichtig zu wissen, wie sich die Gasanteile bezüglich der Löslichkeit und Wirkung im Körper verhalten.

Sauerstoff (O_2)
Der Sauerstoff-Partialdruck darf in der Atemluft 1,8 bis 2 bar nicht überschreiten. Ein höherer Teildruck führt nach einer gewissen Zeit zur Sauerstoffvergiftung (Hyperoxie). Dieser medizinisch zulässige Teildruck wird beim Tauchen mit Druckluft in 80 bis 90 m Tiefe erreicht (Rechenbeispiel für 80 m Tiefe: 9 bar · 0,20 bar = 1,8 bar O_2-Teildruck).
Anmerkung: Bei der Atmung von reinem Sauerstoff wird der kritische Partialdruck bereits in 8 m Tiefe erreicht. Daher sind Sauerstofftauchgeräte für Sporttauchzwecke nur bedingt brauchbar.
Der Sauerstoff geht im Blut in Lösung, wird jedoch von den Geweben verbraucht. Es kommt zu keinem Überschuß an Sauerstoff im Blut. Dieses Gas ruft daher beim Auftauchen keine Komplikationen hervor.

Kohlendioxid (CO_2)
Da dieses Gas aufgrund seines schnellen Lösungskoeffizienten das Gewebe rasch verläßt und teilweise auch im Körper gebunden wird, gibt es beim Auftauchen ebenfalls keine Probleme.

Stickstoff (N_2)
Stickstoff ist das Problemgas beim Drucklufttauchen. Dieses chemisch neutrale Gas führt erstens zu Narkosewirkungen, die als Tiefenrausch bezeichnet werden; zweitens wird vom Stickstoff aufgrund seines hohen Partialdrucks relativ viel im Körpergewebe gelöst. Den Vorgang bezeichnet man als Stickstoffsättigung.
Dieses Gas wird vom Körper weder verbraucht noch gebunden. Die Entsättigung beim Auftauchen vollzieht sich durch eine Stickstoffverflüchtigung über die Ausatmung.
Ist eine bestimmte durch Tauchzeit und -tiefe bedingte kritische Menge Stickstoff im Gewebe gelöst und besteht nicht genügend Zeit, um diese Lösung über die Lunge wieder abzuatmen, kommt es zum Stickstoffüberschuß. Dieser kann eine Gasblasenbildung in den verschiedenen Geweben (Blut, Fett, Knochenmark, Muskeln usw.) des Körpers auslösen. So kommt es zum *Dekompressionsunfall* («Caisson-Unfall»).

Dekompression, im folgenden mit «Deko» abgekürzt, heißt «Druckentlastung». Für das Tauchen mit Druckluft bedeutet dieser Vorgang, daß bei Überschreitung einer bestimmten Tauchzeit in einer bestimmten Tiefe die Einhaltung von Auftauchpausen notwendig wird. Wer diese physikalische Notwendigkeit ignoriert, riskiert einen Dekounfall.
Den Eintritt eines Dekounfalls bemerkt der Taucher selten schon während des Aufstiegs. Nach Erreichen der Oberfläche vergehen oft 10–60 Minuten und mehr, bevor sich Symptome bemerkbar machen. Leichte Formen dieser Erkrankung sind *Bends* (Gelenkschmerzen). Betroffen werden meist Schulter-, Ellbogen- und Handgelenke. In diesen Bereichen kommt es zu leichten bis schweren Schmerzen. Weiter tritt Hautjucken («Taucherflöhe») auf. Vor allem im Rumpfbereich kommt es an verschiedenen Hautstellen zu einem starken Juckreiz, verbunden mit einem Fleckigwerden der Haut.
Schwere Formen sind eine Blockierung von Blutbahnen und Teilen des zentralen Nervensystems oder auch eine Gehirnembolie durch Stickstoffblasen, was zu Atmungsstörungen, zum Aussetzen der Schließmuskelfunktionen von Darm und Blase sowie zu leichten bis schweren Lähmungen führen kann.

Zur Vermeidung von Dekounfällen erfordert das Tauchen mit Druckluft die Verwendung von *Dekompressionstabellen* oder *Tauchcomputern* (elektronische Dekompressiometer).
Diese Hilfsmittel zu erklären, bedarf es einiger Begriffsbestimmungen.

Austauchen:	ein durch Regeln definierter Aufstieg.
Austauchpausen:	die durch Tabelle oder Tauchcomputer vorgegebenen Zeiten, die in bestimmten Tiefen zu verbringen sind (= Dekopausen).
Austauchstufen:	die Wassertiefen, in denen die Austauchpausen eingehalten werden müssen (= Dekostufen).
Austauchzeit:	Zeit für den gesamten Aufstieg bei 10 m/min, inklusive eventueller Dekopausen.
Grundzeit:	Zeitraum vom Beginn des Abtauchens bis zum Beginn des Austauchens.
Nullzeit:	die Grundzeit, die ein Taucher in einer bestimmten Wassertiefe verbringen kann, *ohne* beim Austauchen Dekopausen einlegen zu müssen.
Oberflächenpause:	die zwischen zwei Tauchgängen über Wasser verbrachte Zeit.
Tauchzeit:	die bei einem Tauchgang insgesamt unter Wasser verbrachte Zeit.
Wiederholungstauchgang:	Tauchgang mit Zeitzuschlag zur Grundzeit.

Wiederholungsgruppen: Buchstabenkennungen bei Tabellenanwendung, die zur Eingrenzung des Zeitzuschlags bei Wiederholungstauchgängen dienen.

Zeitzuschlag: wird bei Tabellenanwendung zur echten Grundzeit eines Wiederholungstauchgangs hinzugezählt, um so die für die Ablesung entscheidende scheinbare Grundzeit zu erhalten.

Die Dekompressionstabelle

Weltweit gibt es viele verschiedene Dekotabellen. Bekannt geworden sind die der britischen und französischen Marine, der US-Navy und des Drägerwerks. In Deutschland wird überwiegend die von dem Physiker *Dr. Max Hahn* entwickelte Tabelle «DECO 92» angewendet.
Die verschiedenen Tabellen weisen trotz Optimierung und gewisser Angleichung bei gleicher Eingabe von Zeit und Tiefe zum Teil deutliche Unterschiede bezüglich Null- und Dekozeiten auf. Dies erklärt sich zum einen durch immer wieder neue Erkenntnisse der Tauchmedizin bezüglich der Gasblasenbildung und durch Bestrebungen, die Langzeitwirkungen des Stickstoffüberdrucks in den Tabellen zu berücksichtigen. Zum anderen enthält jede Tabelle Sicherheiten, Reserven. Dieser Toleranzbereich ist Ermessenssache des Herausgebers. Wer eine nach seiner Tabelle richtige Dekozeit etwa um ein oder zwei Minuten unterschreitet, ist deshalb nicht automatisch zum Caisson-Unfall «verurteilt».
Erforderlich ist die Einplanung einer Sicherheitsreserve, weil die Wahrscheinlichkeit eines Dekounfalls individuell unterschiedlich ist. So können z. B. in einer Dreiergruppe, die eine Dekompressionsvorschrift außer acht läßt, zwei Teilnehmer Probleme bekommen, während der dritte unbehelligt bleibt.
Schwankungen der persönlichen Konstitution sind wahrscheinlich ebenfalls von Einfluß.

Die auf den Seiten 78 und 79 veröffentlichte Dekompressionstabelle DECO 92 entspricht dem tauchmedizinischen Wissensstand von 1992. Mit ihr befindet man sich auf der «sicheren Seite». Deshalb und auch wegen ihrer guten Ablesbarkeit (=geringe Gefahr von Ablesefehlern) ist diese Tabelle vom Verband Deutscher Sporttaucher und von anderen maßgebenden Tauchsportorganisationen übernommen worden.
Die Tabelle ist anwendbar für einen Luftdruckbereich zwischen 0 und 700 m Höhe über Meeresspiegel. (In größeren Höhen sind durch den geringeren Luftdruck andere Tabellen notwendig!)
Die Vorderseite der Tabelle (S. 78) ist in drei Spalten aufgeteilt. Die erste Spalte

enthält fünf Kolonnen. In der ersten Kolonne werden *Tauchtiefe* (große Zahlen) und die dazugehörige *Nullzeit* (kleine Zahlen) abgelesen.
Die Zahlen der zweiten Kolonne sind verschieden lange Grundzeiten in Minuten. Die Kolonnen drei und vier sind zuständig für die Austauchstufen (Dekostufen) 6 und 3 Meter. In deren grau (im Original gelb) markierten Feldern sind die Austauchpausen (Dekopausen) in Minuten angegeben. Die fünfte Kolonne schließlich enthält die Buchstabenkennungen für die Wiederholungsgruppen.
Die zweite und dritte Spalte enthalten zusätzlich die Dekostufen 9 und 12 Meter.
Beispiel für das Ablesen der Tabellen-Vorderseite: Geplant ist ein Abstieg auf 30 m Tiefe. Der Abstieg dauert 2 min, der Aufenthalt am Grund 24 min, d. h., die *Grundzeit* ist 26 min. Die Tabelle zeigt Dekopausen von 1 min in 6 m und 8 min in 3 m Tiefe an.
Wollen wir die gleiche Tauchtiefe ohne Dekopausen absolvieren, dann darf unsere Grundzeit nach dieser Tabelle maximal 14 min betragen (= Nullzeit).
Für den richtigen Gebrauch der Tabelle ist noch zu beachten:

1. Liegt die aufgesuchte Wassertiefe zwischen zwei Werten, dann wird unter der größeren Tiefe abgelesen.
   Beispiel: Tauchtiefe 31 m = Ablesen unter 33 m!
2. Liegt die Grundzeit zwischen zwei Werten, dann gilt die längere Zeit.
   Beispiel: Tauchtiefe 31 m, Grundzeit 28 min = Ablesen unter 33 m und 30 min!
3. Anstrengungen bedeuten erst recht *unter* Wasser eine hohe Atemfrequenz = erhöhter Stickstoffumsatz = schnellere Stickstoffsättigung in den Geweben. Daher gilt: Bei kurzen Anstrengungen die nächsthöhere Grundzeit anwenden. Bei lang andauernden höheren Belastungen (z. B. Tauchen gegen Strömung) die tatsächliche Grundzeit rechnerisch um 50 % erhöhen!

Wiederholungstauchgänge

Wird zweimal oder öfter pro Tag getaucht, dann spricht man bei diesen nachfolgenden Tauchgängen von Wiederholungstauchgängen. Abhängig von der Oberflächenpause sind die Körpergewebe beim folgenden Tauchgang mehr oder weniger mit noch nicht abgebautem Stickstoff «vorbelastet». Dies berücksichtigt die Tabelle durch rechnerische Zeitzuschläge auf die Grundzeit des zweiten (dritten) Tauchgangs. Folge: Die Nullzeiten werden kürzer bzw. die Dekopausen extremer!

Tauchtiefe (m)	Nullzeit (min)	Grundzeit (min)	Dekopausen 6	Dekopausen 3	Wiederholungsgr.
9	415'	25			B
		50			D
		75			E
		100			F
12	142'	18			B
		36			D
		54			E
		72			F
		90			G
15	72'	16			C
		32			E
		48			F
		64			F
		80		3	G
18	44'	10			B
		20			D
		30			E
		40			F
		50		2	F
		60		6	G
		70		11	G
		80		16	G
21	31'	6			B
		12			C
		18			D
		24			E
		30			E
		36		3	F
		42		5	F
		48		9	G
		54		12	G
		60		16	G
24	23'	5			B
		10			C
		15			D
		20			E
		25		1	E
		30		4	F
		35		7	F
		40		10	F
		45	2	13	G
		50	3	16	G
		55	5	19	G

Tauchtiefe (m)	Nullzeit (min)	Grundzeit (min)	Dekopausen 9	Dekopausen 6	Dekopausen 3	Wiederholungsgr.
27	18'	5				B
		10				C
		15				D
		20			1	E
		25			4	F
		30			8	F
		35		2	11	G
		40		4	14	G
		45		6	18	G
		50		9	20	G
30	14'	6				B
		10				D
		14				D
		18			2	E
		22			5	F
		26		1	8	F
		30		3	10	F
		33		5	12	G
		36		6	14	G
		39	1	7	17	G
		42	1	9	19	G
33	12'	6				C
		10				D
		14			1	E
		18			4	E
		21		1	7	F
		24		3	8	F
		27		4	11	F
		30	1	6	13	G
		33	2	6	16	G
		36	3	8	18	G
36	10'	6				C
		10				D
		14			3	E
		18		1	6	F
		21		3	8	F
		24	1	4	11	F
		27	2	6	13	G
		30	3	7	16	G
		33	4	9	19	G

Tauchtiefe (m)	Nullzeit (min)	Grundzeit (min)	Dekopausen 12	Dekopausen 9	Dekopausen 6	Dekopausen 3	Wiederholungsgr.
39	8'	6					C
		10				1	D
		14			1	4	E
		18			3	7	F
		21		1	4	10	F
		24		3	6	12	G
		26		4	6	15	G
		28		4	8	17	G
42	7'	6					C
		9				1	D
		12			1	4	E
		15			3	6	F
		18		1	4	9	F
		20		2	5	11	F
		22		3	6	13	G
		24	1	4	7	15	G
45	6'	6					D
		8				1	D
		10				3	E
		12			2	4	E
		14			3	7	F
		16		1	4	9	F
		18		2	5	11	F
		20	1	3	6	13	G
		22	1	4	7	15	G
48	5'	6				1	D
		8				2	E
		10			1	4	E
		12			3	6	F
		14		1	4	7	F
		16		3	4	10	F
		18	1	3	6	12	G
		20	2	4	7	15	G
51	4'	6				1	D
		8				3	E
		10			2	5	E
		12		1	3	7	F
		14		3	4	9	F
		16	1	3	6	11	G
		18	2	4	7	14	G

Austauchtabelle DECO '92

Autor: Dr. Max Hahn

0-700 m ü. N.N.

Aufstiegsgeschwindigkeit 10m/min

Tabellen-Vorderseite

Tauchtiefe (m) Nullzeit (min)	Grundzeit (min)	Dekopausen 15	12	9	6	3	Wiederholungsgr.
54 4'	6					2	D
	8				1	4	E
	10			1	2	6	E
	12			2	4	8	F
	14		1	3	5	10	F
	16		2	4	6	13	G
57 3'	6					2	D
	8				2	4	E
	10			1	3	7	F
	12		1	2	4	10	F
	14		2	3	6	12	G
	16	1	2	4	7	15	G

Tauchtiefe (m) Nullzeit (min)	Grundzeit (min)	Dekopausen 15	12	9	6	3	Wiederholungsgr.
60 3'	6				1	3	E
	8			1	2	5	E
	10			2	4	7	F
	12		2	2	5	11	F
	13		2	3	6	12	G
	14	1	2	4	6	14	G
63 2'	6				1	4	E
	8			1	3	6	F
	10		1	2	4	9	F
	11		2	2	5	10	F
	12	1	2	3	6	12	G
	13	1	2	4	6	14	G

Tabelle für Oberflächenpausen und Wiederholungstauchgänge

Wiederholungsgruppe	Oberflächenpause (h.min.)							
G	.15	.30	1.00	2.00	3.00	4.00	6.00	36 h
F		.15	.30	1.30	2.15	3.00	4.00	30 h
E			.15	.30	1.00	2.00	3.00	24 h
D				.15	.30	1.00	2.00	18 h
C					.15	.45	2.00	12 h
B						.30	1.30	6 h

Tiefe des Wiederholungstauchgangs (m)	Zeitzuschlag zur Grundzeit (min.)					
9	163	158	149	134	103	70
12	80	79	75	56	28	19
15	61	50	47	32	13	10
18	39	37	34	22	11	8
21	31	29	27	17	9	7
24	26	24	23	14	8	6
27	23	21	19	12	8	5
30	20	18	17	10	7	5
33	18	16	15	9	6	4
36	16	15	13	7	5	4
39	14	13	12	6	5	3
42	13	12	11	5	5	3
45	12	11	10	5	4	3
48	11	10	9	4	4	3
51	11	9	8	3	3	2
54	10	8	7	3	3	2
57	9	7	6	2	2	2
60	8	7	6	2	2	2
63	7	6	5	2	2	2

VDST e.V.

Barakuda

Entwurf

Copyright VDST e.V

Tabellen-Rückseite
(© VDST e. V., Anschrift siehe Anhang S. 189)

Die Zeitzuschläge lassen sich auf der *Rückseite* dieser Tabelle (Seite 79) ablesen. Dazu Beispiele: Erster Tauchgang (Tabellenvorderseite) auf 30 m Tiefe, Grundzeit 26 min = *Wiederholungsgruppe* F.
Zweiter Tauchgang (Rückseite der Tabelle), vorgesehen auf 24 m. *Oberflächenpause*: 2 Stunden. In dem Block «Oberflächenpause» findet man rechts vom Buchstaben F die 2 Stunden zwischen den Werten 1,30 und 2,15 Stunden. Man folgt der senkrechten Linie dazwischen so weit nach unten, bis man im unteren Block in der linken Spalte auf die Zahl 24 (= Tiefe des Wiederholungstauchgangs) trifft. Im Schnittpunkt der Senkrechten und der 24 m findet sich der Wert 14. Dies ist der rechnerische Zeitzuschlag in Minuten!
Konsequenzen/Möglichkeiten: Will man in der Nullzeit bleiben, dann muß diese in diesem Beispiel mit 24 m Tiefe von 23 min auf 9 min reduziert werden! Wird aber eine tatsächliche Grundzeit von z. B. 20 min getaucht, muß man unter 34 min in der Tabelle gucken. Daraus ergeben sich (bei 35 Tabellenminuten) 7 min Dekopause in 3 m Tiefe!
Hinweis: Ist die Oberflächenpause zwischen zwei Tauchgängen gleich oder kleiner als der kleinste Wert in der Tabelle, dann gelten diese Tauchgänge als ununterbrochen! Die Tauchzeiten müssen addiert und für die größte Tauchtiefe eingesetzt werden!
Weitere *wichtige* Hinweise und Erläuterungen zur Benutzung der Tabelle und zu Fragen der Dekompression:

1. Bewegt man sich in der Tabelle zwischen zwei Werten, dann wählt man die *ungünstigere* Position. So begibt man sich auf die *sichere* Seite!
2. Nullzeittauchgänge: Auch bei nicht notwendigen Dekopausen wird in 3 m Tiefe ein *Sicherheitsstopp* von mindestens 1 min eingelegt! Auch bei Nullzeittauchgängen findet man in der Tabelle *Wiederholungsgruppen*, die bei Wiederholungstauchgängen beachtet werden müssen!
3. *Aufstiegsgeschwindigkeit*: Für das sichere Tauchen im allgemeinen und für die Tabellenbenutzung ist eine relativ langsame Aufstiegsgeschwindigkeit von etwa 10 Meter pro Minute festgelegt worden! Wird dieses Tempo deutlich überschritten, jedenfalls im Bereich ca. 20–0 m, so steigt das Risiko für den *Dekounfall*!
4. Dekostufen: Welche Körperregion eines senkrecht im Wasser stehenden Tauchers ist «zuständig» für die z. B. 3-m-Dekostufe: Kopf? Füße? Antwort: der Brust-Lungen-Bereich, weil dort der Gasaustausch erfolgt. Wie kam es zu den «ungeraden» Dekostufen 3, 6, 9 usw. Meter? Die ersten Tabellen kamen aus England, ihre Stufen waren in *Fuß* festgelegt. (10 Fuß = 3 Meter)

Die richtige Anwendung der hier beschriebenen Tabelle und der Zusatzregeln wird einen Dekompressionsunfall weitgehendst ausschließen. Die Stickstoffbläschenbildung hängt allerdings von vielen Faktoren ab, u. a.: Art des Körpergewebes, Körperbelastung, Geschlecht, Alter, Tauchtraining, Wassertemperatur, Tagesform und natürlich der Relation des Wasserdrucks zum Oberflächendruck. Eine Haftung von Verlag und Autor ist deshalb ausgeschlossen.

Fliegen und Tauchen

Der Einfluß des Oberflächen-Luftdrucks auf die Vorgänge nach dem Tauchen wurde bereits beschrieben. Deshalb ist Vorsicht geboten, wenn vor einem Flug noch getaucht wurde!

Unsere atmosphärische Luftsäule hat in Höhe des Meeresspiegels ein Gewicht, welches einen Druck von 1 bar ausübt. Mit zunehmender Höhe wird der Druck geringer (Faustformel: um ca. 0,1 bar pro 1000 m). In einem Jet, der in 10 000 m Höhe fliegt, wäre der Luftdruck zum Atmen also viel zu gering. Deshalb haben hoch fliegende Maschinen eine Druckkabine, in welcher ein künstlicher Luftdruck aufgebaut wird. Dieser beträgt allerdings nur etwa 0,7 bar. Dadurch kommt es beim «fliegenden Taucher» zu einem verstärkten Druckgefälle zwischen dem durchs Tauchen noch erhöhten Stickstoffteildruck im Körpergewebe und dem plötzlich herabgesetzten Umgebungsdruck! Das kann trotz Einhaltung von Nullzeiten bzw. Dekopausen bei zu geringer Wartezeit noch zu einem Dekompressionsunfall während des Fluges führen.

Auf der Rückseite der abgebildeten Dekotabelle sind die Flugwartezeiten berücksichtigt. Im Block «Oberflächenpause» sind dafür die Wiederholungsgruppen in der ersten Spalte maßgebend. Ein Beispiel: Der letzte Tauchgang endete mit der Wiederholungsgruppe E. Rechts davon in der letzten Spalte unter dem Symbol «Flugzeug» finden wir die Zahl 24. Das bedeutet, wir sollten nach einem solchen Tauchgang 24 Stunden bis zum Flugbeginn warten!

Dies mag überzogen erscheinen, entspricht aber neuen tauchmedizinischen Erkenntnissen.

Tauchen in Bergseen

Unsere bisherigen Überlegungen bezüglich der Dekompression gingen davon aus, daß das Tauchgewässer in Meeresspiegelhöhe liegt. Unter «Fliegen und Tauchen» wurde bereits angedeutet, daß ein veränderter Luftdruck vom Taucher beachtet werden muß. Für das Tauchen in Bergseen gilt dies aus mehreren Gründen!

Über hochgelegenen Seen ist der Luftdruck entsprechend geringer. Dadurch ändert sich dessen Relation zum Wasserdruck. Eine Druckverdoppelung bzw. -halbierung findet also in *geringerer* Wassertiefe statt!
Die nachfolgende Tabelle zeigt die Druckveränderungen beim Tauchen im Meer und in einem ca. 2000 m hoch gelegenen See, auf dessen Oberfläche ein Luftdruck von nur noch ca. 0,8 bar lastet.

1 bar Luftdruck in Meeresspiegelhöhe		0,8 bar Luftdruck in Bergsee ca. 2000 m hoch	
Verdoppelung des Drucks in	10 m	Verdoppelung des Drucks in	8 m
Verdreifachung des Drucks in	20 m	Verdreifachung des Drucks in	16 m
Vervierfachung des Drucks in	30 m	Vervierfachung des Drucks in	24 m
Verfünffachung des Drucks in	40 m	Verfünffachung des Drucks in	32 m
		Versechsfachung des Drucks in	40 m

Tauche ich im Meer auf eine Tiefe von 40 m, dann bin ich dem Fünffachen des vorgegebenen Luftdrucks ausgesetzt.

Tauche ich in diesem Bergsee auf 40 m Tiefe, dann bin ich dem Sechsfachen des vorgegebenen Luftdrucks ausgesetzt.

Auswirkungen des geringeren Luftdrucks:

1. *Tiefenmesser:* Boyle-Mariottesche zeigen die «fiktive» Wassertiefe an. D. h., bei 0,8 bar Luftdruck zeigt dieses Instrument in 8 m eine Tiefe von 10 m an. Membrantiefenmesser machen es umgekehrt. Wegen des geringeren Gesamtdrucks zeigen sie eine geringere Tiefe als z. B. die wirkliche Tiefe von 8 m an.
2. *Nullzeiten/Tabellentiefen/Dekostufen:* Unser Körper nimmt durch den größeren Druckunterschied zwischen Luft und Wasser relativ gesehen mehr Stickstoff auf. Deshalb ist die Dekotabelle auf Seite 78/79, ausgelegt für eine Höhe bis 700 m über Normalnull, in 2000 m Höhe nicht mehr anwendbar! Mittels eines Korrekturfaktors müßten die tatsächlich aufgesuchten Tiefen verringert oder die Tabellentiefen bzw. Tabellengrundzeiten erhöht werden. Und/oder für die Dekostufen und -pausen ergeben sich Veränderungen. Insgesamt sind diese Umrechnungen durch mögliche Ablese- oder Rechenfehler viel zu gefährlich. Wer ernsthaft in Bergseen tauchen will, muß sich entsprechende *Bergseetabellen* oder geeignete *Tauchcomputer* besorgen und sich ausführlich mit der Problematik befassen. U. a. gibt es diese Überlegung: Wer seinen Standort innerhalb kurzer Zeit (z. B. mittels Hubschrauber) zum hochgelegenen Bergsee verlegt und dort gleich taucht, schafft sich zusätzliche Probleme.

Zackenbarsch

Sein Körper ist mit höherem Stickstoff-Partialdruck «geladen» als der eines Tauchers, der sich vorher einige Stunden dem geringeren Umgebungsdruck angepaßt hat. Das kann bei sonst korrektem Austauchen dann doch zu einem Dekounfall führen.

3. *Barotraumen:* Wie beschrieben, geschieht die Druckverdoppelung bzw. -halbierung innerhalb geringerer Wegstrecken und damit oft innerhalb kürzerer Zeit. Die gefährlichste Zone in dem Beispiel Bergsee mit 0,8 bar Luftdruck ist daher die Tiefe von 0 bis 8 m! Der Taucher muß noch mehr auf (rechtzeitigen) Druckausgleich in Lunge, Mittelohr und Tauchmaske achten, um der verstärkten Gefahr von Barotraumen im Bergsee zu begegnen.

Der Tauchcomputer

Elektronische Dekompressiometer sind weltweit im Einsatz. Ihre Funktion wurde in den letzten Jahren entscheidend optimiert. Möglicherweise benutzt inzwischen die Mehrzahl aller Taucher dieses Instrument. Wer einen Tauchcomputer verwendet, wird die Dekotabelle nur noch selten anschauen. Weshalb wurde dann die Tabelle hier noch so ausführlich dargestellt?
Beide Systeme haben ihre Vor- und Nachteile.
Vorteile «Tabelle»: Wer sie «lesen» kann, hat den besseren Durchblick in bezug auf Dekompressionsprobleme und -abläufe. Jeder Sporttaucher sollte daher mit der Tabelle umgehen können. Der Anschaffungspreis ist verschwindend gering im Vergleich zum Tauchcomputer.

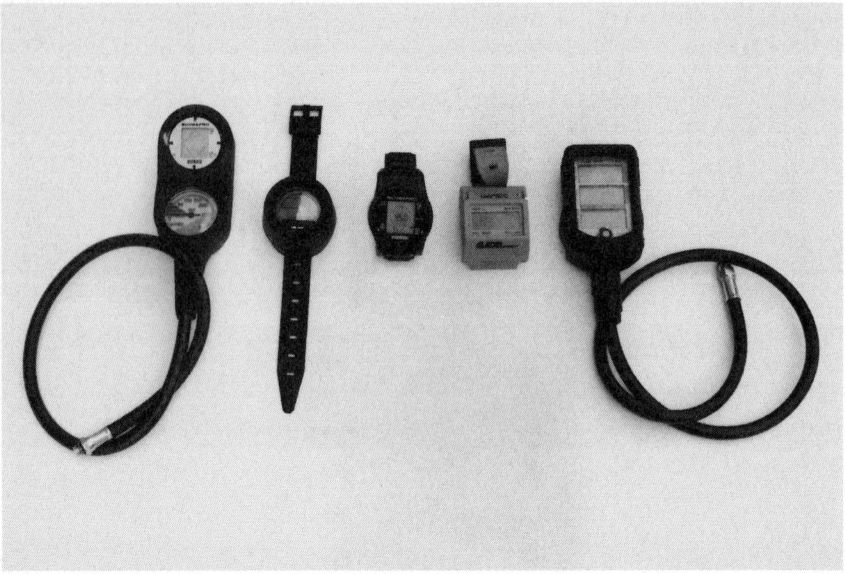

Verschiedene Tauchcomputer, zum Teil «luftvorratsintegriert»

Nachteile «Tabelle»: Alle Dekotabellen gehen von einem «Rechteckprofil» aus. D. h., sie sind so gerechnet, als verbringe der Taucher seine gesamte Grundzeit am Grund. Dies aber ist nicht typisch für das Sporttauchen. Dieses lebt vielmehr von Ortswechseln und damit von sich laufend verändernden Tiefen. Jene Taucher, die nur kurz die für die Tabelle maßgebende größte Tiefe aufsuchen, werden dafür u. U. mit zu kurzen Nullzeiten oder unnötigen Dekopausen «bestraft». Und gerade unter Wasser gibt es bei Tabellen auch noch die Gefahr von Ablesefehlern.

Der *Tauchcomputer* ist, wenn er neuen tauchmedizinischen Erkenntnissen entspricht, das ideale Instrument für den Sporttaucher. Er schafft, was keinem Menschen möglich ist. Der Computer berechnet ununterbrochen und unter Berücksichtigung der unzähligen verschiedenen Tiefenabstufungen die Stickstoffsättigung. Dabei werden mindestens sechs verschieden «schnelle» Gewebegruppen einbezogen. Solch ein Rechner zeigt an bzw. berücksichtigt als wichtigste Funktionen: aktuelle Tauchtiefe, aktuelle Tauchzeit, verbleibende Nullzeit, Dekostufen, Dekopausen, maximale Tauchtiefe, Gesamttauchzeit, zu berücksichtigende Stickstoffsättigung für Wiederholungstauchgänge.

Moderne Geräte bieten darüber hinaus:

Logbuchfunktion: D. h., mindestens sechs der vorangegangenen Tauchgänge bleiben gespeichert. Die wichtigen Daten können aufgerufen werden.

Höhenadaption: Dies bedeutet, daß der Rechner automatisch Höhenveränderungen registriert und diese z. B. beim Bergseetauchen berücksichtigt!

Aufstiegswarnanzeige: Bei Überschreitung der programmierten Aufstiegsgeschwindigkeit sendet das Gerät akustische und/oder optische Signale.

Flugverbotsanzeige: Ähnlich wie in der Dekotabelle wird nach einem Tauchgang die Wartezeit bis zum Beginn eines Fluges angezeigt.

Nachteile eines Tauchcomputers: Der Preis beträgt rund das 100fache dessen, was eine Tabelle kostet. Alle zwei bis drei Jahre gibt es «neue Generationen», die den vorangegangenen um vieles überlegen sind (wie auch bei den «Überwasser-Computern»). Manche Rechner bieten weniger «Reserven» als die vorgestellte Dekotabelle! Im Klartext: Auch ein Tauchcomputer schützt nicht in jedem Fall vor einem Dekompressionsunfall!

Dekounfall – So verhalten Sie sich richtig

Ist ein solcher Unfall eingetreten, dann hängt das weitere Schicksal des Betroffenen von den Fähigkeiten der Ersthelfer bzw. von der funktionierenden Rettungskette ab.

Symptome eines Dekounfalls

- bei leichteren Formen sind es
  Gelenkschmerzen, Hautjucken, Taubheitsgefühl bestimmter Körperpartien.
- schwerere Formen betreffen die Lunge und das Zentralnervensystem:
  Atemstörungen, Luftnot, eventuell Schmerzen hinter dem Brustbein,
  Schwindel, Seh-, Hör- und Sprachstörungen,
  Engegefühle in der Brust, Halbseitenlähmung, Querschnittslähmung.

Zur Therapie eines Dekounfalls

Ideal ist die sofortige Einschleusung in eine Druckkammer und die gezielte Behandlung insbesondere mit Sauerstoff unter Überdruck.
In den meisten Fällen wird aber eine solche Kammer nicht gleich zur Verfügung stehen. Dann sind die Kenntnisse und Maßnahmen der Begleiter von entscheidender Bedeutung.

Druckkammer: Telefonnummern und Anschriften der nächsterreichbaren Kammern sollten bekannt sein. Wenn irgend machbar, sollte die Zeitspanne bis zur Druckkammerbehandlung 2–4 Stunden nicht überschreiten.
Lagerung: Ist der Verunfallte ansprechbar, soll die «flache Rückenlagerung» angewandt werden. Bei Bewußtlosigkeit ist die «stabile Seitenlage» richtiger.
Erste Hilfe: Mit absolutem Vorrang die Atmung von «reinem Sauerstoff» organisieren. Dadurch wird vermehrt Stickstoff über die Lunge abgeatmet. Weiteres Wachstum der Stickstoffbläschen wird so verhindert, u. U. gelingt sogar eine Verkleinerung der Bläschen! Zeitdauer der Sauerstoffatmung: mindestens 1–2 Stunden. Weitere wichtige Maßnahmen:
a) Schutz vor Temperaturverlust!
b) Ist der Verunfallte bei Bewußtsein, dann sollte oral Flüssigkeit in Form von Wasser gegeben werden (0,5–1 Liter!). Bei Dekounfällen kann man ein Flüssigkeitsdefizit beim Betroffenen voraussetzen. Die daraus resultierende Blutverdickung (= Strömungsverlangsamung) verzögert die Abgabe von Stickstoff an die Lunge.
c) Medikamente wie «Aspirin» haben, weil blutverdünnend wirkend, günstigen Einfluß.
d) Bei Atem- bzw. Herzstillstand unverzüglich mit der Wiederbelebung beginnen.

Der Transport in die Druckkammer

Eine Verlegung mittels Flugzeug wird wegen des zu großen Druckunterschieds im Regelfall nicht vertretbar sein. Der Hubschraubertransport in möglichst geringer Höhe (wegen des abnehmenden Umgebungsdrucks!) ist sicher die beste Lösung. Die (im Idealfall ununterbrochene) Fortsetzung der Erste-Hilfe-Maßnahmen ist dabei obligatorisch.
Für die Sofortbehandlung und für den Transport zur großen Druckkammer ist auch der Einsatz einer *transportablen Einmann-Druckkammer* denkbar. Diese verfügt über eine eigene Druckluftversorgung, kann auch durch geschulte Sporttaucher bedient werden und ist (z. B. durch Hubschrauber) kurzfristig über große Strecken zu bewegen. Der Nachteil einer solchen Kammer ist, daß nur der Verunfallte hineinpaßt. Eine Behandlung durch eine zweite Person ist nicht möglich.
In der großen Kammer beginnt die individuelle Versorgung und gezielte Behandlung des Verunglückten durch Taucherärzte. Der Druck in der Kammer wird durch Einschießen von Luft auf das Mehrfache des normalen Drucks erhöht. Ganz allmählich (zwischen vier Stunden und mehreren Tagen!) wird der Druck reduziert. Unterstützt wird die Therapie auch hier durch Atmung von Sauerstoff unter Überdruck. Für diese Abläufe gibt es spezielle Tabellen, für deren Anwendung die Mediziner aber auch die Tauchzeiten und -tiefen des Kranken wissen müssen! Schleusen in der Druckkammer ermöglichen das Auswechseln der be-

handelnden Ärzte und den Nachschub an Medikamenten, ohne daß der Druck gesenkt werden muß.
Auch die Behandlung eines *Lungenüberdruckunfalls* geschieht in der Dekokammer. Dieser ebenfalls sehr gefährliche Zwischenfall hat zwar andere Ursachen, aber z. T. ähnliche Folgen wie der Dekounfall: Durch die Überdehnung der Lunge können Luftbläschen in die Blutbahnen geraten. Daher ist bei Verdacht auf ein Lungenbarotrauma sofort der Transport zur nächsten Druckkammer zu veranlassen.

«Nasse» Dekompression

Zumindest theoretisch denkbar ist die Behandlung des verunglückten Tauchers im Wasser. Dieser müßte in die vorher maximal erreichte Wassertiefe zurückgebracht werden. Nach einer speziellen Tabelle müßte er dann eine stundenlange Austauchprozedur über sich ergehen lassen. Aus mehreren Gründen ist diese Methode zu gefährlich bzw. unmöglich:

- Ein Sporttaucher atmet aus einem Mundstück. Bei Schwäche oder Ohnmacht durch Streß und/oder Unterkühlung wird er es verlieren und ertrinken.
- Nur selten sind die technischen Voraussetzungen gegeben: ein großes Boot, genügend Luftvorräte und eine ausreichende Zahl von Begleittauchern, die sich bei der Überwachung des Verunfallten ablösen.
- Der Verunglückte wie auch die begleitenden Taucher befinden sich in einer Streßsituation. Diese begünstigt Fehler der Beteiligten und verschlechtert das physische und psychische Durchhaltevermögen des Erkrankten.

Nach Ansicht vieler Tauchmediziner ist es daher besser, notfalls einige Stunden länger auf den Abtransport in die Dekokammer zu warten, als das Risiko einer «nassen» Dekompression einzugehen.

Zur Vorbeugung gegen Dekompressionsunfälle

Dekounfälle sind oft schwerwiegender Natur. Das Tückische an ihnen ist, daß sie selten die unmittelbare Folge einer Fehlhandlung sind. Die Zeitbombe «Stickstoffbläschen» kann eben kürzere oder längere Zeit nach einem scheinbar problemlos verlaufenen Tauchgang auftreten. Deshalb sind Nullzeiten, Dekopausen, Dekostufen, Zeitzuschläge, Aufstiegsgeschwindigkeiten, Flugverbote möglichst korrekt einzuhalten! Sehr sinnvoll ist auch der «Sicherheitsstopp» von mindestens 1 min in 3 m Tiefe, der auch dann eingelegt wird, wenn nach Tabelle bzw. Tauchcomputer keine Dekopause erforderlich war.
Nach neuen tauchmedizinischen Kenntnissen hat die Flüssigkeitszufuhr (Wasser! Kein Bier, kein Alkohol, kein Kaffee!) vor und nach dem Tauchen und über den Durst hinaus eine gewisse vorbeugende Wirkung.

So wird der Luftverbrauch berechnet

Überschlägig läßt sich berechnen, wie lange ein Tauchgang in einer bestimmten Tiefe mit einem bekannten Druckflascheninhalt dauern kann. Daß keine exakte Berechnung möglich ist, wird jedem einleuchten. Schon ein einziger von mehreren Einflußfaktoren kann das vorausberechnete Ergebnis erheblich verfälschen. Einflußgrößen sind: Atemminutenvolumen, Wassertiefe (= Dichte der Luft), psychischer Zustand, physische Belastung (z. B. Tauchen gegen Strömung). Für die folgenden Berechnungen zunächst einige Begriffsdefinitionen.
Atemminutenvolumen (AMV): Das ist das in *einer Minute* bewegte *Volumen.* Dieser Wert ist unabhängig von der Wassertiefe bzw. der Dichte der Luft und ergibt damit allein noch keine Aussage über die *Menge* der verbrauchten Luft. Das AMV ist abhängig von der Vitalkapazität der Lunge, von Kondition und Trainingszustand, von psychischer und physischer Belastung des Tauchers. Ein routinierter Taucher, der sich in aller Ruhe unter Wasser bewegt, hat ein AMV von *ca. 20–25 Litern.*
1 bar/l: Mit bar (pro) Liter haben wir als Produkt von Volumen und Druck die entsprechende *Mengenangabe* für vorhandene bzw. verbrauchte Luft.
Reserveluft: Dafür werden 40 bar angesetzt. Diese stehen für eine Luftverbrauchsberechnung *nicht* zur Verfügung.
Restdruck: Wird die Reserveluft (z. B. für Deko oder im Flachwasser) verbraucht, so müssen trotzdem noch wenigstens *10 bar* Restdruck in der Flasche verbleiben. Damit wird zuverlässig verhindert, daß (Salz-)Wasser in die Flasche gedrückt wird!
50-bar-Abzug: 40 bar Reserveluft und 10 bar Restdruck ergeben jenen Abzug, der für eine Luftverbrauchberechnung nicht berücksichtigt wird.

Berechnungsbeispiele

1. Beispiel
10-l-DTG, gefüllt auf 200 bar; AMV des Tauchers 25 l/min; Wassertiefe 20 m. Errechne die mögliche Tauchzeit.

Berechnung
Luftvorrat des DTG = 10 l · 200 bar = 2000 bar l (2000 Liter bei 1 bar Druck)
bei 50-bar-Abzug = 10 l · 150 bar = 1500 bar l
Luftverbrauch in 20 m Tiefe: 25 l (AMV) · 3 bar = 75 bar l
Grundzeit des Tauchers: 1500 : 75 = 20 min
Ein Blick auf die Dekotabelle zeigt, daß man noch gut innerhalb der Nullzeit liegt, also keine Luft für Dekopausen berücksichtigen muß.

2. Beispiel
Geplanter Tauchgang: Abstieg zu einem Wrack in 30 m Tiefe; Grundzeit 25 min, AMV; 20 l/min. Wie groß muß das DTG bei einem Fülldruck von 200 bar mindestens sein?

Berechnung
Luftverbrauch in 30 m Tiefe und 25 min Grundzeit:
20 l (AMV) · 4 bar · 25 min = 2000 bar l
Tauchflaschengröße: 2000 bar l : 150 bar (50-bar-Abzug!) = 13,3 Liter.
Mindestgröße: 14 Liter

Die Dekotabelle warnt: 1 min Pause in 6 m, 8 min Pause in 3 m!
Dafür werden folgende Luftmengen benötigt:
20 l AMV · 1,6 bar (= 6 m) · 1 min = 32 bar l
20 l AMV · 1,3 bar (= 3 m) · 8 min = 208 bar l
Da noch 14 l · 40 bar Reserve = 560 bar l zur Verfügung stehen, reichen diese gut für die 240 bar l, die noch für die Dekompression benötigt werden.

3. Beispiel
Eine Tauchgruppe startet mit 10-l-DTG, gefüllt mit 200 bar, zu einem 40-m-Tauchgang. Nach 9 min Grundzeit zeigt das Finimeter eines der Taucher nur noch 50 bar an, die Gruppe beginnt daraufhin mit dem Aufstieg. Wie hoch war das AMV dieses Tauchers?

Berechnung
Luftverbrauch innerhalb der Grundzeit: 150 bar · 10 l = 1500 bar l
Luftverbrauch pro Minute: 1500 : 9 = 166 Liter
AMV: 166 Liter : 5 bar (40 m) = 33 l/min

Druckschwankungen im Drucklufttauchgerät

Der Gasdruck im DTG kann sich trotz geschlossenem Ventil verändern. *Temperaturwechsel* sind die Ursache.
Merke: Kompression bedeutet Erwärmung und damit Ausdehnung von Gasen. Expansion bewirkt Abkühlung und damit Zusammenziehung der Gasmoleküle. So erwärmt sich beim Füllen eines DTG die Luft durch die Kompression, sie dehnt sich aus. Da sich aber in der starrwandigen Flasche das Volumen nicht verändern kann, erhöht sich der Druck. Bei der sich anschließenden Abkühlung der Luft ziehen sich deren Moleküle wieder zusammen, der Druck sinkt.

Diese Vorgänge zeigen durchaus Wirkung in der Praxis. Ein DTG wird in der Regel trotz des höchstzulässigen Fülldrucks von 200 bar auf z. B. 220 bar gedrückt, um nach der Abkühlung dann etwa 200 bar zu erhalten.
Die Formel für die Berechnung der Druckveränderung nach dem Gesetz von *Gay-Lussac* besagt:
Bei konstantem Volumen nimmt der Druck der eingeschlossenen Gasmenge je Grad Erwärmung um 1/273 des Drucks bei 0 Grad Celsius zu.
Beispiel
Eine Druckluftflasche, auf 200 bar gefüllt, in einem Raum mit 20 Grad Celsius gelagert, erwärmt sich durch anschließendes Liegen in der Sonne auf 60 Grad Celsius.
Die Berechnungsformel für das Errechnen der Drucksteigerung (T = Temperatur, p = Druck) lautet:

$$p_2 = p_1 \cdot \frac{273 + T_2}{273 + T_1}$$

$$p_2 \text{ ist also: } 200 \text{ bar} \cdot \frac{333\ (273 + 60)}{293\ (273 + 20)} = 227 \text{ bar}$$

Gorgonenfächer im Roten Meer

Wissenswertes zur Ausrüstung

Außer dem Drucklufttauchgerät sind folgende Ausrüstungsgegenstände für das *Gerätetauchen* sinnvoll:
Kälteschutzanzug und Bleigürtel (siehe Seite 39–44), Tiefenmesser, Uhr, Handkompaß, Messer als Werkzeug, Jacket bzw. Taucherweste als Tariermittel, Tauchcomputer zur effektiven Einhaltung von Nullzeiten oder Dekopausen.

Das Drucklufttauchgerät

Das Drucklufttauchgerät soll ein unbeschwertes Tauchen in allen zulässigen Tiefen ermöglichen. Ein solches Gerät besteht aus Flasche(n) mit Ventil als Vorratsbehälter für hochkomprimierte normale Luft, aus Atemregler, Tragegestell und Sicherheitseinrichtungen wie Reserveschaltung und/oder Manometer.
Die Mindestausstattung eines solchen Tauchgerätes, die Bauartzulassungen, Anforderungen, zulässigen Drücke usw. sind in der *Europäischen Norm* EN 250 : 1993 festgelegt.
Druckluftflaschen: In Deutschland ist die meistverwendete Flaschengröße: *10 Liter*. Danach folgen 12 und 15 Liter. Seltener benutzen Sporttaucher Doppelflaschenpakete. Wenn, dann sind es 2-mal-7- oder 2-mal-10-Liter-Geräte. Wurden früher noch relativ viele Flaschen aus Aluminium gekauft, so hat sich dieser Trend völlig geändert: Mindestens 95 % der georderten Druckluftflaschen sind heute aus *Stahl*. Stahlflaschen sind über Wasser leichter, kleiner und preiswerter als Aluflaschen mit gleichem Inhalt. Dafür nimmt der Käufer offensichtlich die Korrosionsanfälligkeit von Stahl und die damit verbundenen kurzen TÜV-Zyklen hin.
Nach der Deutschen Druckgasordnung bestehen für den Gebrauch von Druckluftflaschen folgende Vorschriften. Beim 200-bar-System beträgt der Fülldruck maximal 200 bar, der Prüfdruck 300 bar. Die Farbe für Druckluft ist offiziell grau. Zum TÜV müssen Stahlflaschen alle zwei Jahre, Aluflaschen alle sechs Jahre.
Bei der Flaschenherstellung bzw. beim TÜV werden in den Flaschenhals Daten eingeschlagen (siehe Abbildung Seite 92).
Eine Ansammlung von Wasser innerhalb der Flasche muß unbedingt vermieden werden. Wasser kann durch Füllen der Flaschen mit ungeeigneten oder nachlässig gewarteten Kompressoren hineingelangen. Eindringen von Seewasser ist möglich, wenn das Gerät bis auf den letzten Rest leergeatmet wurde. (Deshalb 10 bar *Restdruck* halten!) Werden Druckluftflaschen längere Zeit nicht benutzt, dann sollten sie *nicht* liegend gelagert werden. Das Wasser könnte Rosttäler in der relativ dünnen Wandung hervorrufen. Besser ist die stehende Lagerung, da der Flaschenboden wesentlich stärker ausgebildet ist.

Kennzeichnung des Flaschenhalses einer Druckluftflasche

Für Taucher, die durch Nutzung eines eigenen Kompressors die TÜV-Frist umgehen wollen, empfiehlt sich die zwei- bis dreijährliche Kontrolle der Flasche(n) durch einen Fachmann (Herausdrehen des Ventils, optische Begutachtung durch Ausleuchten des Flascheninnern, Wiedereinsetzen des Ventils).

Die gründliche Lackierung sorgt für ein ansprechendes Äußeres und verhindert Rostansatz. Optik und Vorschrift können dabei gut kombiniert werden. Der Hals der Flasche wird grau lackiert, der übrige Teil erhält eine auch der Sicherheit dienende Signalfarbe in Gelb oder Orange, neuerdings auch in den Neonfarben Gelb oder Pink!

Der *Flaschenfuß* aus Hartgummi oder Kunststoff verleiht den Druckluftflaschen an Land eine brauchbare Standfestigkeit und schützt gleichzeitig den Flaschenboden vor Lackschäden.

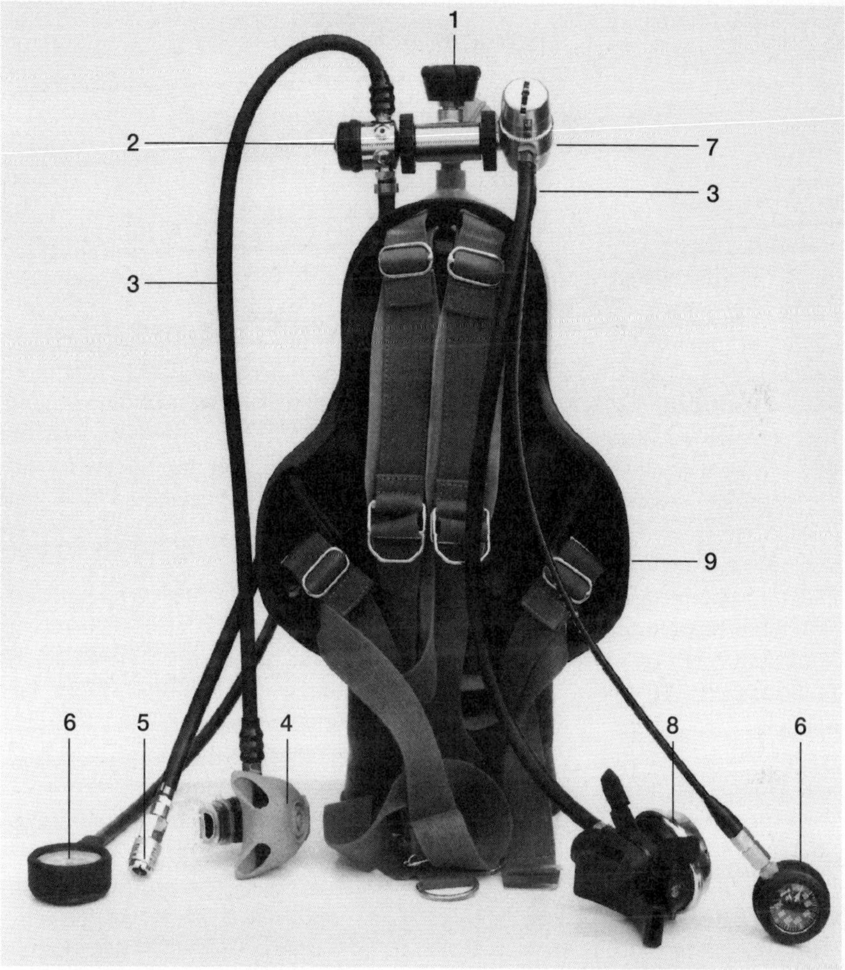

Komplettes Drucklufttauchgerät
(Hier der besseren Übersicht wegen nicht mit Jacket, sondern mit Tragegestell)

1 = Flaschenventil. Eingesetzt in das Ventil ist hier ein T-Stück, welches den Anschluß von zwei kompletten Atemreglern ermöglicht
2 = 1. Stufe des modernen Atemreglers CAPTAIN NEMO mit 2 Hochdruck- und 4 Mitteldruckabgängen
3 = Mitteldruckschlauch
4 = 2. Stufe des NEMO: Upstream-Prinzip, Mitteldruckbereich, 6–16 bar, mit integriertem Überdruckventil und Venturi-Effekt
5 = Mitteldruckanschluß für Jacket, Weste oder Vollgesichtsmaske mit Panoramasichtfeld (Fa. Dräger)
6 = Manometer
7 = 1. Stufe des («klassischen») Atemreglers SECOR 300
8 = 2. Stufe des SECOR 300
9 = Trage

Das *Flaschenventil* (oft noch in Kombination mit der *Reserveschaltung*) ist in die Flasche eingeschraubt. Es dient dazu, den Hochdruck der Luft zurückzuhalten bzw. freizugeben. Ein gut funktionierendes Ventil läßt sich mit geringem Kraftaufwand öffnen und wird den Druck weich einsetzend freigeben. Die Drehbewegung am Ventil wird in einen Hub zum Öffnen und Schließen des Ventils umgesetzt. Wichtig: An dem in die Flasche ragenden Teil des Ventils müssen sich ein Wasserschutzrohr und ein Sinterfilter befinden. Damit wird verhindert, daß eventuelle Wasseransammlungen und/oder Schmutzteilchen aus der Druckluft in die nachfolgenden Systeme geraten. Auch Flaschenventile unterliegen der *Bauartzulassung*.

Die *Reserveschaltung* ist unverändert eine sinnvolle Sicherheitseinrichtung des Tauchgerätes. Diese Schaltung ist meist in dem Flaschenventil integriert. Ihr Funktionsprinzip: Ist das Gerät bis auf ca. 40 bar leergeatmet, beginnt eine im Ventil eingebaute Feder den Luftdruck zu überwinden. Die Luftzufuhr wird allmählich zunehmend gedrosselt. Dadurch wird der Taucher unmißverständlich auf das Zur-Neige-Gehen des Luftvorrats aufmerksam gemacht. Durch eine Zugbewegung über eine Leine oder Stange wird daraufhin die Feder außer Funktion gesetzt, und die Reserveluft steht voll zur Verfügung.

Das *Unterwasser-Manometer* (Finimeter) soll dem Taucher (auch seinem Begleiter!) die problemlose Kontrolle des aktuellen Flaschendrucks ermöglichen. Dieses Manometer ist mittels eines Hochdruckschlauches an die erste Stufe des Lungenautomaten angeschlossen. Die Luftzufuhr in die flexible Leitung geht über eine Drosseldüse. Dadurch wird das Manometer geschont, und es wird erreicht, daß bei einem Bruch der Leitung keine großen Mengen Luft verlorengehen. Finimeter sind erschütterungsempfindlich. Sie sind deshalb mit einer dicken Gummiummantelung versehen. Die Anzeige sollte gut ablesbar sein und an der 50-bar-Marke eine auffällige Markierung haben.

Das *Tragegestell* bzw. die *Bänderung* soll das unkomplizierte An- und Ablegen des DTG sowie den sicheren, bequemen Sitz des Gerätes am Körper ermöglichen. Bei Doppelflaschengeräten verbindet das Tragegestell die Flaschen zu einem Paket. Ein gutes Tragegestell hat eine geformte Trageschale und kräftige, nicht zu weiche Gurte mit leichtgängigen und ausreichenden Verstellmöglichkeiten. Bei Verwendung eines *Jackets* übernimmt dieses die Funktion von Bänderung und Trageschale.

Der Atemregler

Der *Atemregler* bzw. *Lungenautomat* ist das Herzstück eines DTG. Ein solcher Regler reduziert den Hochdruck der Luft auf den Druck des umgebenden Wassers und macht so das Gas erst atembar. Ein moderner Automat wird auch in größerer Tiefe und bei starker körperlicher Belastung eine ausreichende Luftlieferleistung aufweisen und dabei einen minimalen Anspring-, Ein- und Ausatemwiderstand haben. Diese Funktionen soll er jahrelang ohne aufwendige Wartung erfüllen.

Druckdifferenzen lösen die Mechanik des Reglers aus. Der Wasserdruck selbst steuert die Dichte der dem Taucher zugeführten Luft. So genügt ein Absinken des Tauchers um wenige Zentimeter, und eine dem Wasserdruck ausgesetzte Membrane im Automaten reagiert und löst über ein Hebel- bzw. Kolbensystem die Zufuhr von Luft aus, bis Druckgleichheit herrscht. Der gleiche Vorgang läuft ab, wenn der Taucher durch den Einatemschlauch Luft holt. Die dabei entstehende Druckdifferenz gibt Luft frei, bis der Einatemvorgang beendet ist.

Bis etwa 1975 gab es ein Nebeneinander von Ein- und Zweistufenautomaten in Ein- oder Zweischlauchausführung. Der *zweistufige Einschlauchautomat* hat inzwischen die anderen Systeme verdrängt. (Gelegentlich wird z. B. von Unterwasser-Fotografen noch der Zweischlauch-Regler verwendet.) Die erste Stufe, die die Funktion eines Druckminderers hat, wird in das Flaschenventil eingeschraubt. Sie reduziert den Hochdruck auf einen Mitteldruck, der (je nach Fabrikat) zwischen 5 und 16 bar *über* dem jeweiligen Wasserdruck liegt. Diese druckgeminderte Luft geht über einen etwa 60–70 cm langen Mitteldruckschlauch an die zweite Stufe. Sie enthält das Regelsystem (Membrane, Hebel), welches den Mitteldruck exakt auf den jeweiligen Umgebungsdruck reduziert, sowie Mundstück und Luftdusche.

Der Druckminderer (erste Stufe) sollte weitere Anschlußmöglichkeiten haben:
- einen Hochdruckabgang für den Anschluß des UW-Manometers
- zwei Mitteldruckabgänge: (a) für den Inflatorschlauch, durch den Luft in das Jacket, in die Tarierweste oder in den Trockentauchanzug gedrückt werden kann, (b) für eine weitere zweite Stufe eines Atemreglers (Octopus), aus der ein (anderer) Taucher im Notfall atmen kann.

Die Leistungsdaten eines modernen Atemreglers:

Luftlieferleistung: Sie soll mindesten 300 bar l/min betragen.
Atemwiderstand: Für Einatemwiderstand maximal 7 mbar.
Für Ausatemwiderstand maximal 3 mbar.

Anmerkungen zu Flaschenventilen im Zusammenhang mit Lungenautomaten: Für das Ventil (und damit für den Automaten) hat sich das deutsche R 5/8-Gewinde bestens bewährt. Wer ins Ausland fährt und dort seinen eigenen Atem-

regler verwenden möchte, sollte sich einen INT-Adapter für den Regler mitnehmen. Wird das komplette DTG mitgenommen, dann kann auch der entsprechende Adapter für das Flaschenventil notwendig werden.
Dem *Zweitautomaten* kommt aus Gründen der Sicherheit und der Übungen dafür eine recht hohe Bedeutung zu. Besser noch als das o. a. Octopus-System ist ein kompletter zweiter Atemregler. Er kann an das Flaschenventil angeschraubt werden, wenn dies einen zweiten R 5/8-Abgang hat oder wenn in den normalen Abgang ein T-Zwischenstück eingesetzt wird, an welchem dann beide Atemregler befestigt werden.

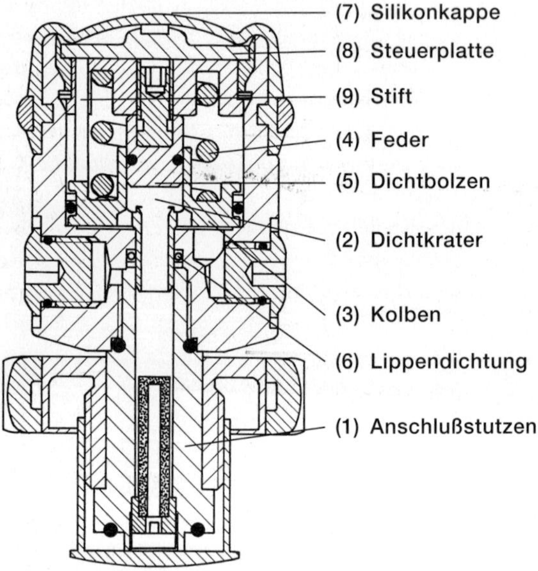

Funktionsbeschreibung «Druckminderer CAPTAIN NEMO»
Bei der 1. Stufe Captain Nemo handelt es sich um einen kolbengesteuerten, kompensierten Druckminderer mit Amplifier.
Die Luft im Hochdruckbereich gelangt über den Anschlußstutzen (1) in den Raum HD. Der Dichtkrater (2) im Kolben (3) stellt den Übergang zum Mitteldruckraum (MDR) dar. Die Luft strömt über den Dichtkrater in den MDR. Der sich aufbauende Mitteldruck schiebt den Kolben gegen die Feder (4) nach oben, bis der Dichtkrater durch den Dichtbolzen (5) verschlossen ist.

Vordruckkompensation: Der Innendurchmesser der Lippendichtung (6) entspricht dem wirksamen Durchmesser des Dichtkraters, so daß sich durch den Hochdruck hervorgerufene Kräfte am Kolben aufheben und keinen Einfluß auf den Mitteldruck haben.
Amplifier: Der Umgebungsdruck wirkt über die wasserdichte Silikonkappe (7) auf die Steuerplatte (8). Drei angeordnete Stifte (9) übertragen die Kraft gleichmäßig auf den Kolben (3). Die Fläche der Steuerplatte ist größer als die Kolbenfläche, so daß der Mitteldruck abhängig von der Tauchtiefe und somit vom Umgebungsdruck ansteigt.

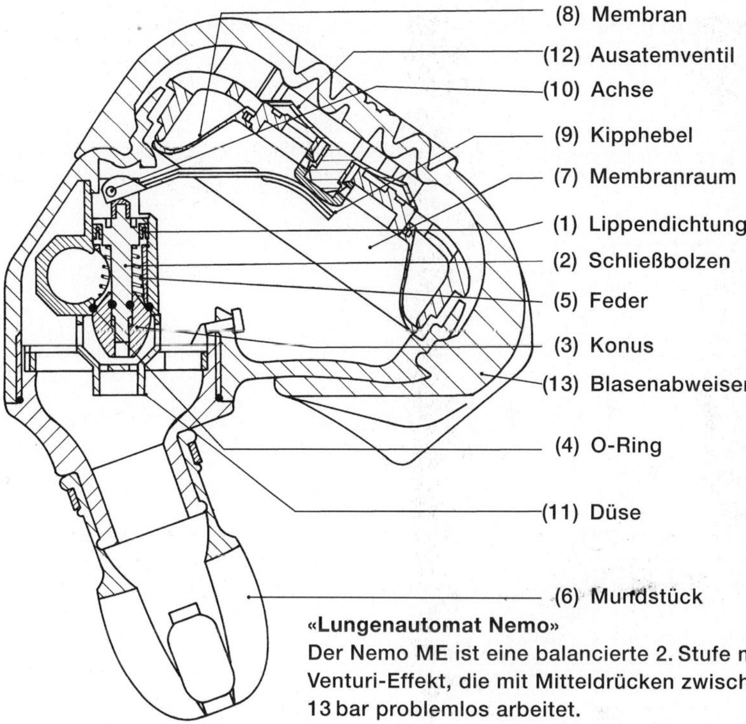

«Lungenautomat Nemo»
Der Nemo ME ist eine balancierte 2. Stufe mit Venturi-Effekt, die mit Mitteldrücken zwischen 6 und 13 bar problemlos arbeitet.

Ruhezustand: Die Lippendichtung (1) des Schließbolzens (2) hat den gleichen Durchmesser wie das System aus Konus (3) und Dichtsitz (O-Ring) (4) auf der gegenüberliegenden Seite. Dadurch ist der Bolzen in bezug auf den Mitteldruck kräftefrei. Um im Ruhezustand dennoch zu dichten, schiebt eine Feder (5) den Bolzen und damit den Konus mit einer definierten Kraft auf den Dichtsitz.
Einatmung: Die Luftentnahme geschieht über das Mundstück (6). Dabei entsteht im Membranraum (7) ein relativer Unterdruck. Die kreisrunde Membran (8) wölbt sich nach innen und dreht den Kipphebel (9) um die Achse (10) nach unten. Durch diese Bewegung wird der Schließbolzen nach vorn geschoben, der Konus hebt sich vom Dichtsitz. Die Luft aus dem Mitteldruckbereich expandiert am Dichtsitz und steht als Atemluft zur Verfügung. Am Ende der Einatemphase strömt so lange Luft nach, bis der Unterdruck im Membranraum ausgeglichen ist und Membran, Kipphebel und Schließbolzen in ihren Ruhezustand zurückkehren.
Venturi-Effekt: Das Strömungsbild der expandierten Luft wird durch die Düse (11) definiert beeinflußt. Der relative Unterdruck in der Strömung wirkt sich auf den Membranraum aus und erzeugt eine zusätzliche Kraft auf die Membran, so daß der Einatemwiderstand sinkt.
Ausatmung: Die Ausatemluft gelangt über das Mundstück an der Düse vorbei in den Membranraum. Das A-Ventil (12) ist im Zentrum der Membran positioniert. Bei leichtem Überdruck im Membranraum öffnet sich das Ventil, die Luft strömt zwischen Blasenabweiser (13) und Membran und wird von dort seitlich unter dem Kinn weggeleitet.

Pflege des Lungenautomaten: Grundsätzlich sollte nach jedem Tauchen in Chlor- oder Salzwasser der Automat gründlich in Süßwasser ausgespült werden. Während der Säuberung und bei Transport und Lagerung wird der Hochdruckanschluß mit einer Blindverschraubung abgedichtet. Im Abstand von etwa zwei Jahren soll ein Lungenautomat zur Überholung (Austausch von Dichtungen, Membranen, Funktionstest) an ein geeignetes Unternehmen gegeben werden.

Der Tiefenmesser

Die Aufgabe des Tiefenmessers ist es, die aktuelle Tiefe möglichst genau anzuzeigen. Gut ist, wenn das Instrument mittels einer «Schleppzeigerfunktion» die maximal erreichte Tiefe anzeigt. Die Ablesbarkeit muß gut sein. Der Dekostufen-Bereich sollte gespreizt dargestellt und farbig markiert sein. Es gibt verschiedene Funktionsprinzipien:

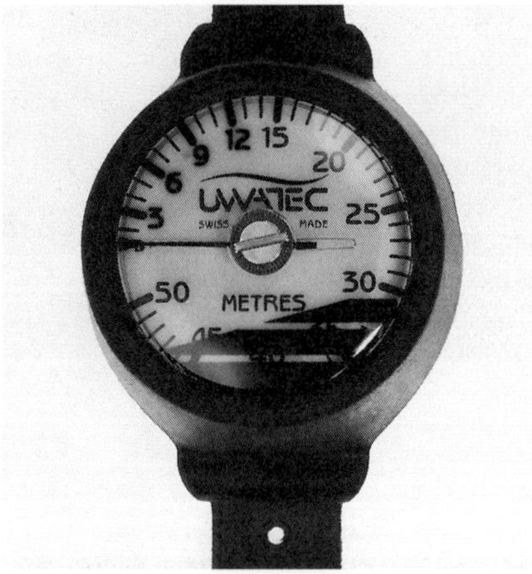

Justierbarer Tiefenmesser von UWATEC mit farbig markierten Dekostufen von 3 bis 12 Meter

Membrantiefenmesser: Von den mechanisch arbeitenden Geräten hat dieses sicher die größte Anzeigegenauigkeit. Der sich verändernde Wasserdruck wirkt auf eine Membrane (Metalldose). Diese überträgt die Bewegung auf einen Zeiger, der in linearer Zu- und Abnahme die aktuelle Tiefe anzeigt.

Rohrfedertiefenmesser: Dieses Instrument arbeitet mit einer recht guten Genauigkeit. Seine Funktionsweise: In ein gebogenes Metallröhrchen wird Wasser gedrückt. Je höher der Druck, desto mehr streckt sich das Rohr (oder umgekehrt). Diese Bewegung wird mittels Hebellager und Zahnrädchen auf einen Zeiger übertragen.

Boyle-Mariottescher Tiefenmesser: Seine Konstruktion ist genial einfach und entsprechend preisgünstig. In eine einseitig offene dünne, mit Luft gefüllte Glas-

röhre dringt beim Abtauchen Wasser ein. Bei Druckzunahme wird die Luftsäule verdichtet und umgekehrt. Die Grenzfläche Luft / Wasser ist erkennbar. Mittels einer hinterlegten Skala ist die Wassertiefe ablesbar. Das Gerät arbeitet relativ genau bei geringen Drücken bis etwa 10 m. Je größer die Wassertiefe, desto ungenauer ist die Anzeige.
Im Zuge der starken Verbreitung von *Tauchcomputern* haben Tiefenmesser einiges von ihrem Stellenwert eingebüßt. Da letztere nicht billig sind (bis DM 250), sollte man sich bei einer Neuanschaffung wirklich gut überlegen, ob man nicht gleich einen Tauchcomputer kauft. Denn dieser gibt sehr präzise Tiefenangaben fast als «Nebenprodukt» aus!

Die Taucheruhr

Taucheruhren sind fast normale Uhren. Ihre Besonderheit besteht im wesentlichen aus der Druckwasserdichtigkeit und in dem drehbaren Einstellring, der das Ablesen der unter Wasser verbrachten Zeit oder als Vorgabe die Einhaltung einer bestimmten Tauchzeit erlaubt. Automatik- oder Quarzuhren sind am geeignetsten. Leuchtziffern und ein (wegen des Tauchanzugs) weit verstellbares Armband sind nicht unwichtig.
Taucheruhren werden in aller Regel wenig zum Tauchen, mehr zum täglichen Gebrauch verwendet. Auch dies sollte bei einer Anschaffung bedacht werden. Im übrigen haben diese Uhren (wie auch die Tiefenmesser) durch die *Tauchcomputer* an Bedeutung verloren.

Der Handkompaß

Der Handkompaß ist eine *wichtige* Orientierungshilfe beim Tauchen. Mit seiner Hilfe sind bestimmte Tauchgänge sicherer und effektiver durchzuführen. Nach entsprechender Übung sind Richtungskontrolle, Richtungswechsel und Wiederauffindung des Ausgangspunktes nicht schwierig. Auch bei Nachttauchgängen kann ein Kompaß wichtig werden.
Kompasse für das Tauchen müssen aus korrosionsfreiem Material und druckwasserdicht sein. Die Skala in 360°-Einteilung sollte nicht zu klein und gut ablesbar sein. Ein drehbarer Außenring mit Skalierung ermöglicht das Markieren bestimmter Kurse. Sehr hilfreich ist eine Peileinrichtung, wie sie z. B. flüssigkeitsgefüllte Kugelkompasse oft aufweisen. Nicht geeignet ist ein Kompaß, dessen Nadel bereits bei leichter Schräglage hängenbleibt.

Konsolen

Recht beliebt ist bei vielen Tauchern die Zusammenfassung mehrerer Instrumente in Konsolen. So hängt am Hochdruckschlauch das UW-Manometer zusammen mit z. B. Kompaß und Tiefenmesser bzw. Tauchcomputer. Mit einem Griff hat man dann alle wichtigen Geräte im Blick.

Der Tauchcomputer

Über die zunehmende Benutzung von Tauchcomputern, über deren Vor- und Nachteile gegenüber der Dekotabelle und über bestimmte Funktionen wurde bereits auf Seite 83 eingegangen.
Aufgabe des Tauchcomputers: Er soll den Benutzer unter Wasser über den «Ist-Zustand» informieren, den Tauchgangsverlauf dadurch planbarer und durch Warnanzeigen (z. T. auch akustisch) sicherer machen.
Funktionsweise: Im Prinzip rechnet das Gerät nur mit zwei Größen, mit *Druck* und mit *Zeit.* Mittels der geeigneten Software und Programmierung werden Druck (aktueller Luftdruck an der Oberfläche plus Wasserdruck) und die in bestimmten Tiefen verbrachte Zeit (= Simulation der Sättigung verschiedener Gewebe) in Beziehung gebracht und als Ergebnis auf dem Display angezeigt. Die Schnelligkeit von Druckveränderungen wird erfaßt und bei Überschreitung bestimmter Größen in Warnsignale umgewandelt.

Einzelne Funktionen/Daten, die gute Tauchcomputer neben der *aktuellen Tauchzeit* und *-tiefe* anzeigen:
- *Maximaltiefe:* Eine «Schleppzeigerfunktion» zeigt während und nach dem Tauchen die maximal erreichte Tiefe an.
- *Nullzeit:* Während des Tauchens ist die noch verbleibende Nullzeit ablesbar.
- *Dekompressionsanzeige:* Ist die Nullzeit überschritten, dann wird die tiefste Dekostufe und die zugehörige Dekozeit ausgewiesen. Nach Erledigung erfolgt gegebenenfalls der Anzeigewechsel auf die nächste Dekostufe. Wird die Dekostufe nicht eingehalten, geben einige Geräte akustische und optische Signale.
- *Aufstiegswarnanzeige:* Wird die zulässige Aufstiegsgeschwindigkeit überschritten, gibt es optische und akustische Warnungen.
- *Logbuch-Modus:* Je nach Gerät werden die jeweils letzten 6 bis 10 Tauchgänge gespeichert. Nach dem Tauchen können die Daten abgerufen werden.
- *Oberflächen-Modus:* interessant für Wiederholungstauchgänge und Fliegen nach dem Tauchen. Es wird die aktuelle Entsättigungszeit wie auch ein eventuelles Flugverbot in Stunden angezeigt.

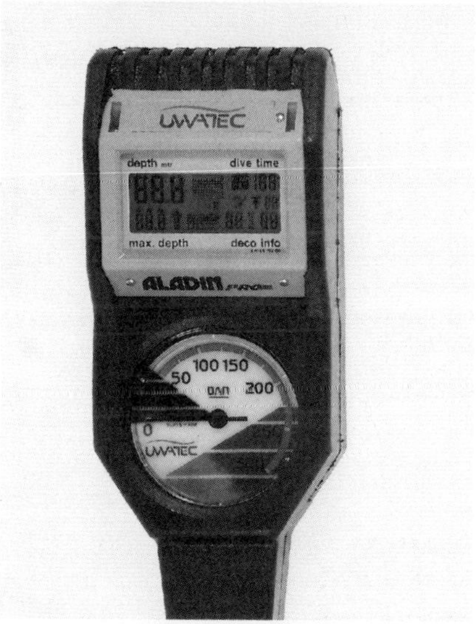

Tauchcomputer «Aladin Pro»
Hier zusammen mit einem Manometer in einer Konsole kombiniert

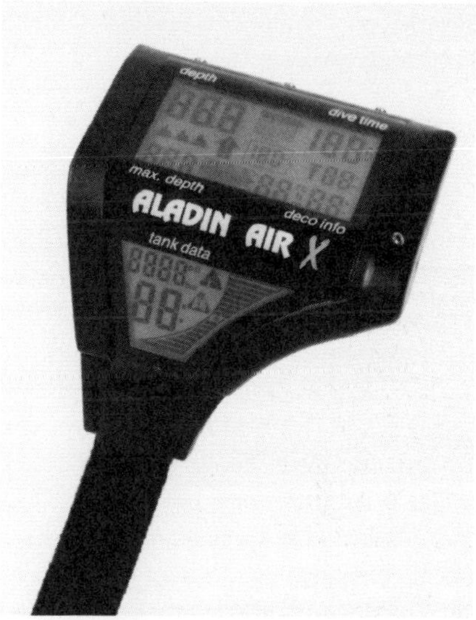

Tauchcomputer «Aladin Air X»
Neuere Generation. Der Luftverbrauch und der jeweilige Restdruck in der Flasche, drahtlos an den Rechner übermittelt, ermöglichen weitere Hochrechnungen und Informationen

- *Tauchplanungs-Modus:* Für die verschiedenen Wassertiefen in 3-m-Schritten werden die Nullzeiten angezeigt. Dabei ergeben sich natürlich vor und nach dem Tauchen erheblich unterschiedliche Nullzeiten, je nach N_2-Sättigung.
- *Bergseetauchen:* Tauchcomputer sind z. T. «bergseetauglich», d. h., daß sie die relative Veränderung zwischen Luft- und Wasserdruck berücksichtigen. Der Höhenbereich ist je nach Fabrikat unterschiedlich. Die Adaption erfolgt entweder automatisch oder nach manueller Umschaltung.
- *Batterie-Warnanzeige:* Eine erschöpfte Batterie macht den Rechner unbrauchbar und damit das Tauchen gefährlich. Eine Warnanzeige ist daher wichtig.

Der Trend bei der weiteren Entwicklung wird sicher verstärkt in Richtung jetzt schon existierender *luftintegrierter Rechner* gehen. Solche Tauchcomputer mit integriertem Manometer stehen durch einen Hochdruckschlauch in Verbindung mit dem Flaschendruck. In jeder Tiefe kann der Taucher unter Berücksichtigung seines gerade aktuellen Luftverbrauchs (AMV) die verbleibende Tauchzeit ablesen. Hier jedoch sind die Ungenauigkeiten und Unterschiede noch zu groß.
Weitere Variationen: Rechner mit Display-Beleuchtung (geht aber immer noch

zu sehr zu Lasten der Batterie!); Befestigungsmöglichkeit des Computers von Fixierung am Arm bis zur Mitführung in einer Konsole; an einigen Fabrikaten gibt es eine Schnittstelle zum PC, so daß Tauchgänge später auf dem Bildschirm nachvollzogen werden können.

Hinweise, Einschränkungen:
- Auch die Benutzung eines Tauchcomputers setzt Grundwissen über Sättigungsvorgänge, Einflußfaktoren und Dekompression voraus.
- Die Bedienungsanleitungen sind relativ umfangreich. Genaues Studium sowie Übung im Umgang mit dem Gerät sind wichtig.
- Der Tauchcomputer ist ein «persönliches Gerät»! Zumindest innerhalb eines Tages soll der Rechner nicht von verschiedenen Tauchern benutzt werden, da sonst die Übereinstimmung zwischen Benutzer und Gerät verlorengeht!
- Bei Wiederholungstauchgängen keine größeren Tiefen als zuvor aufsuchen!
- Auch bei «No Deco»: immer Sicherheitsstopp in 3 m Tiefe!

Im übrigen gibt es (ähnlich wie bei den Dekompressionstabellen) zwischen den verschiedenen Fabrikaten extreme Unterschiede im Hinblick auf die Nullzeitangaben und damit auf die Dekompressions-Forderungen. Je neuer die jeweilige Geräteentwicklung, desto «vorsichtiger» sind die Angaben! Dies bestätigt nur, daß die Tauchmedizin in ihrer Erforschung der *Langzeitschäden durch Stickstoffbläschen* noch nicht am Ende ist.

Das Messer

Das Messer ist für den Taucher nicht Waffe, sondern Werkzeug – insbesondere für den Notfall. Es muß zum Schneiden, Sägen, Brechen und Hämmern geeignet sein. Natürlich sind Tauchermesser aus mehr oder weniger rostfreiem Stahl gefertigt. Das Messer selbst sollte immer leicht eingefettet sein. Der Griff ist meist mit Plastik überzogen. Wenn das Messer die o. a. Funktionen erfüllen soll, muß es eine scharfe Schneide und eine Sägezahnung haben und stark genug zum Brechen sein. Ragt das Metall aus dem Griff heraus, dann ist das Messer auch als Schlagwerkzeug geeignet.
Die Beinscheide ermöglicht das bequeme Ergreifen des Messers. In ihr muß die sichere Aufbewahrung des Messers gewährleistet sein. Gut ist es, wenn man die Halteriemchen der Beinscheide durch einfachen Zug nachziehen kann.

Die Tariermittel Jacket und Taucherweste

Entstehung und Verwendung von «Taucherwesten» und «Jackets» sind logische Entwicklungen, die sich u. a. aus der Tatsache der oft unangenehmen und gefährlichen Auftriebsveränderungen bei der Verwendung von Naßtauchanzügen erklärt. Diese Tariermittel ermöglichen nach entsprechender Übung:

- hydrostatisches Gleichgewicht in jeder Tiefe
- Schnellaufstieg in Notsituationen
- Erleichterung bei der Bergung von Gegenständen
- sicheres Schwimmen an der Oberfläche auch mit schwerer Ausrüstung.

Beide Systeme enthalten gleiche bzw. ähnliche Teile:

Westenkörper: Er sollte in mindestens zweischaliger Bauweise, außen signalfarbig, mit einem Volumen von 14–18 Liter ausgestattet sein. Der Westenkörper soll den Taucher an der Wasseroberfläche so stabilisieren, daß dieser z. B. bei Ohnmacht vor dem Ertrinken geschützt ist.

Überdruckventil: im Westenkörper integriert. Verhindert dessen Platzen.

Atemschlauch/Inflator: Ein in Verbindung mit dem Westenkörper stehender Faltenschlauch mit Rückschlagventilmundstück bzw. automatischem Mundstück dient zum *Aufblasen* mit dem Mund. Ein im Bereich des Mundstücks mittels Schnellkupplung befestigter Inflatorschlauch erlaubt per Druckventil das Einschießen von Druckluft aus der Flasche des DTG. So kann der Taucher bequem und ohne Ablenkung tarieren (sinnvolle Alternative zum Aufblasen mit dem Mund).

(Druckluftflasche:) Die früher obligatorische 200-bar-Flasche von ca. 0,5 Liter Größe, die z. T. auch noch für Jackets gefordert wurde, ist nicht mehr aktuell. Gründe: Es gibt keine konkrete Notwendigkeit dafür. Da solche Flaschen erfahrungsgemäß nicht oder viel zu spät zum TÜV gebracht werden, kann extreme Gefährdung durch Platzen entstehen!

Schnellablaß: Durch eine Zugschnur kann ein Ventil im oberen Bereich des Westenkörpers geöffnet werden, so daß dieser dann sehr rasch und weitgehend entlüftet wird.

Sonstiges: Eine den sicheren Sitz gewährleistende und leicht verstellbare Bänderung, eine Signalpfeife und Tasche(n) für Kleinteile gehören dazu.

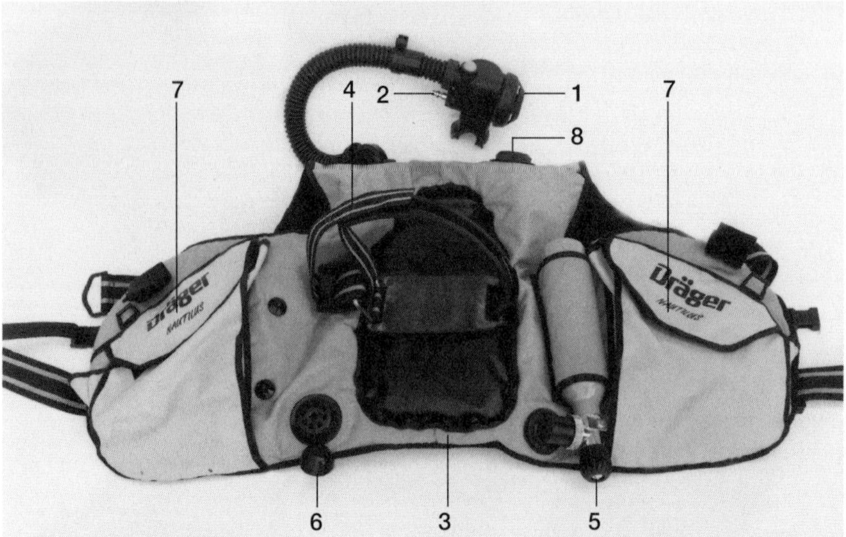

oben: Jacket «Nautilus», Außenseite
rechts: Innenseite

1 = Jacket Autoventil mit folgenden Funktionen: Aufblasen des Jackets mit Druckluft (Inflator) oder per Mund. Möglich ist auch die Atmung z. B. in einem Notfall (Atemreglerfunktion)
2 = Anschlußkupplung für den Mitteldruckschlauch
3 = zweischaliges Jacket, außen starkes Gewebematerial, in den Farben Blau mit Pink. Größen (wichtig!): S, M, L, XL mit maximalem Auftrieb entsprechend 11 kg, 14 kg, 16 kg, und 18 kg
4 = Gurt zur rutschfesten Flaschenbefestigung für alle Flaschengrößen
5 = Notluftflasche: 200 bar, 0,4 Liter, Alu, zum Aufblasen und für Notatmung
6 = untere Schnellentlüftung/Überdruckventil
7 = große Taschen mit Klettverschluß
8 = obere Schnellentlüftung/Überdruckventil
9 = ergonomisch geformte Rückentrage mit drei Tragegriffen

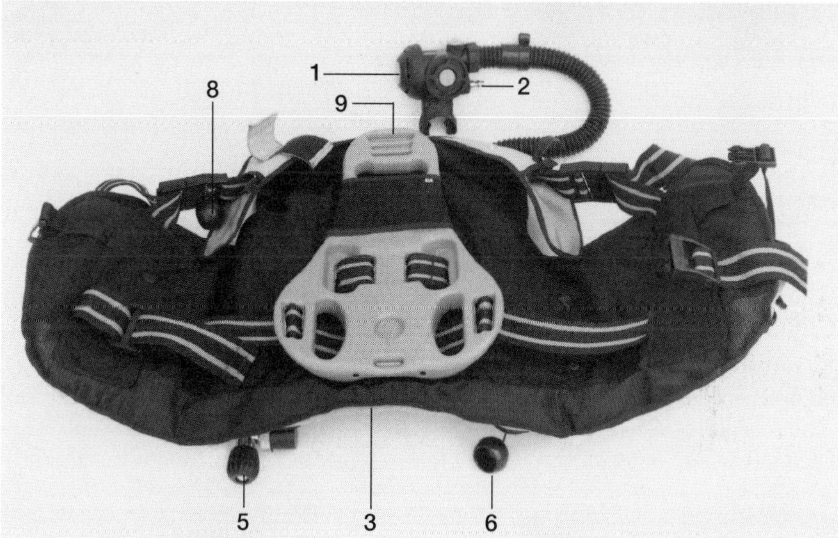

Das Jacket hat die Taucherweste überflügelt. Das hat verschiedene Gründe: 1. Das Jacket ist zugleich Tragegestell für die Druckluftflasche. 2. Das Anlegen und Tragen der Kombination Jacket/DTG ist leicht und angenehm. 3. Das Tauchen damit wird als schöner und leichter empfunden. 4. Das optische Erscheinungsbild ist wesentlich besser.

Nachteile des Jackets sind der Preis und die Tatsache, daß bei Abwurf des DTG im Notfall der Taucher keinen Auftriebskörper mehr trägt.

Wichtig beim Kauf eines Jackets: a) die richtige Größe und auffallende Farbe; b) feste und sichere Fixierungsmöglichkeiten für die Druckluftflasche.

Westen werden praktisch kaum noch verkauft. Dennoch werden bei einer Lebensdauer von sicherlich 10 Jahren noch unzählige Taucherwesten verwendet. Die Vorteile sind der Preis und die volle Nutzung dieses Gerätes auch bei Abwurf des DTG!

Eine Variante, die sich leider bisher nicht durchgesetzt hat, ist die im Naßtauchanzug (bzw. im «Halbtrockenen») *integrierte Weste*. Sie ermöglicht ein «strömungsgünstiges» Tauchen mit guter Beweglichkeit und schafft eine zusätzliche Luftschicht zur Wärmeisolation. Nachteile des Systems: Engegefühl bei starkem Aufblasen der Weste, relativ hoher Preis.

So trainiert man das Tauchen mit Drucklufttauchgerät

Die eigentliche Benutzung eines DTG erfordert praktisch keine Übung. Atmung ist lebensnotwendig, das Tauchgerät ermöglicht sie. Probleme in Verbindung mit dem Gerätetauchen ergeben sich erst durch die begleitenden Bedingungen psychischer und physischer Art: Unsicherheit, Angst, Streß, Mißbrauch, Tiefe, Strömung, Funktionsausfall, Festhängen usw.

Das Erlernen des Tauchens mit Gerät schließt daher das Wissen um die Physiologie, die Kenntnis der Gerätefunktion, die Gewöhnung an das Gerät und die Übung bestimmter Situationen ein. Außerdem erfordert das Tauchen mit umfangreicher Ausrüstung Routine und Gelassenheit, Eigenschaften, die ausschlaggebend sind für die richtige Reaktion bei unvorhergesehenen Zwischenfällen unter Wasser.

Die Gewöhnung an das DTG sowie Übungen zur Bewältigung bestimmter Situationen erfolgen am schnellsten und sichersten im Swimmingpool bzw. in der Schwimmhalle. In deren begrenzten, überschaubaren Bereich ist der Schüler weder Kälte noch Strömung, weder Seegang noch Dunkelheit ausgesetzt. Er kann sich daher voll auf die Übungen konzentrieren. Diese idealen Bedingungen sind auch die Erklärung dafür, warum viele Tauchschulen am Meer ihren Gästen die ersten «Schritte» im Schwimmbecken beibringen.

Dennoch muß ganz klar gesagt werden, daß ein Kursus im Gerätetauchen, der nur im Schwimmbad stattfindet, nicht ausreichend sein kann. Anschließende Ausbildungstauchgänge im freien Wasser sind nicht ersetzbar durch ein noch so langes Hallentraining.

Unterwasser-Handzeichen

Unterwasser-Sprechverbindungen für Taucher sind aufwendig, umständlich und teuer, für den sportlichen Anwendungsbereich daher unbrauchbar.

Wichtige Verständigungssignale geben sich Sporttaucher per Handzeichen. Diese sind unkompliziert und daher auch unter Wasser leicht zu verstehen. Zu Beginn eines Tauchkurses sollte man zumindest die acht Pflichtzeichen kennen; den Schülern selbst, aber auch den Lehrern wird dadurch der Ablauf des Kurses erleichtert.

Die international gültigen *Pflichtzeichen* sind:

1: «Alles in Ordnung!» oder
«Ist alles in Ordnung?»

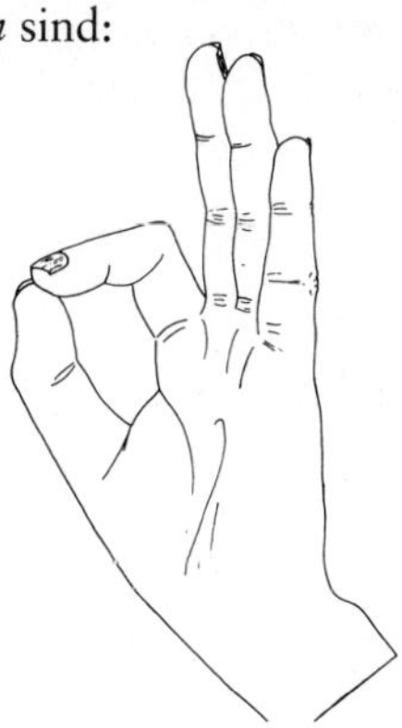

2: «Irgend etwas stimmt nicht!» oder
«Mir ist nicht wohl!» (drehende oder schüttelnde Bewegung der Hand aus dem Handgelenk)

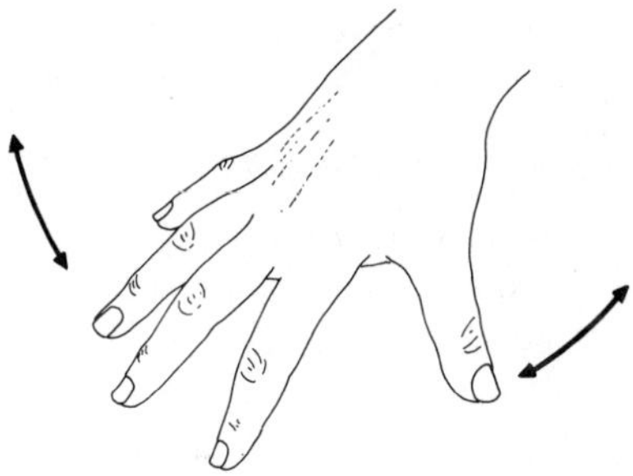

3: «Ich tauche jetzt auf!» oder
«Taucht auf!»

4: «Ich tauche jetzt ab!» oder
«Taucht ab!»

(3)

(4)

5: «Ich habe meine Reserve geöffnet!»

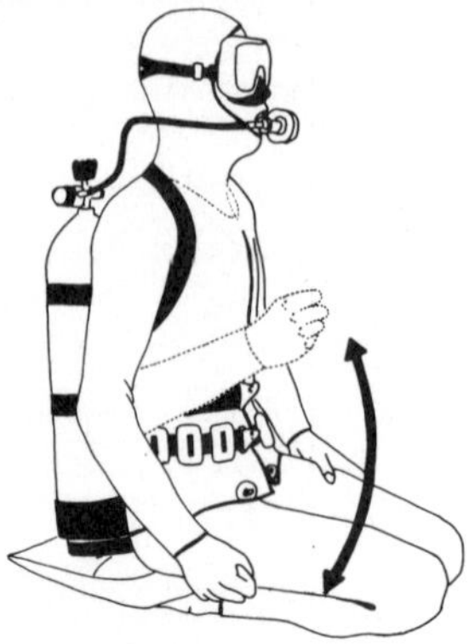

6: «Öffne du meine Reserve!» («Ich kann meine Reserve nicht öffnen!») (mehrfache Zugbewegung mit dem Unterarm)

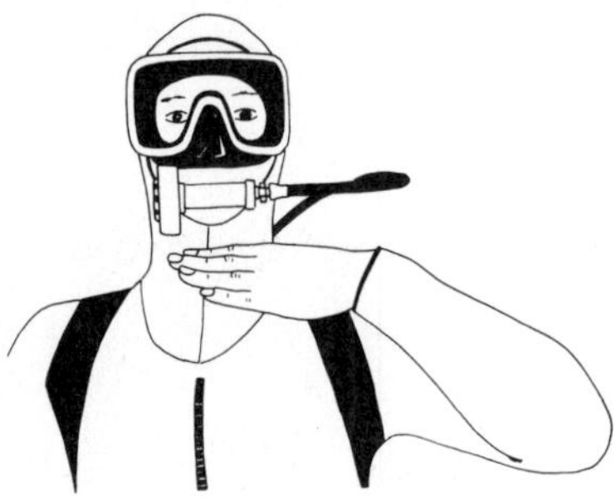

7: «Ich habe keine Luft mehr!» (Bewegung mit der Handkante gegen die Kehle)

8: Notzustand an der Wasseroberfläche bzw. Aufforderung zur Hilfeleistung (Hin- und Herschwenken beider Arme)

Dreizehn weitere *Zusatzzeichen*, deren Erlernen dringend empfohlen wird, sind:

1: Hinweis (Faust geschlossen, Finger zeigt auf das Objekt)
   a) «ich»
   b) «du» oder «da»
   c) «da» (wenn es sich um mehrere Objekte handelt)

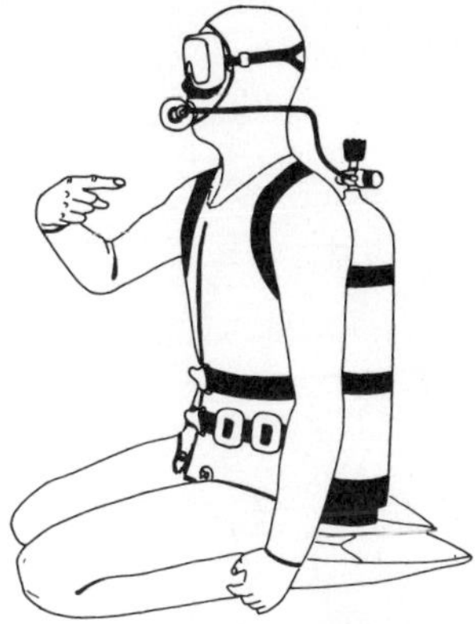

a

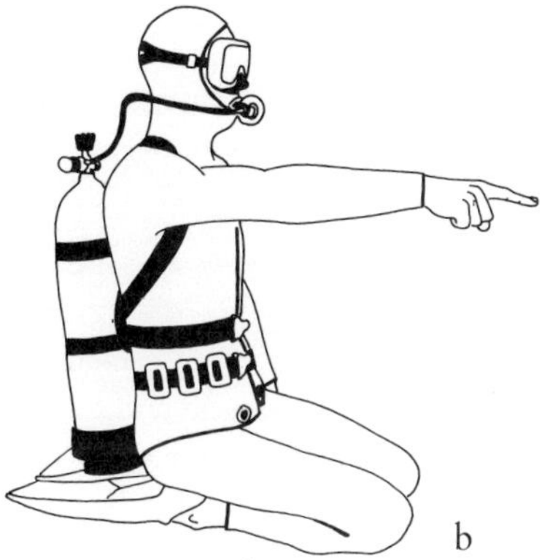

b

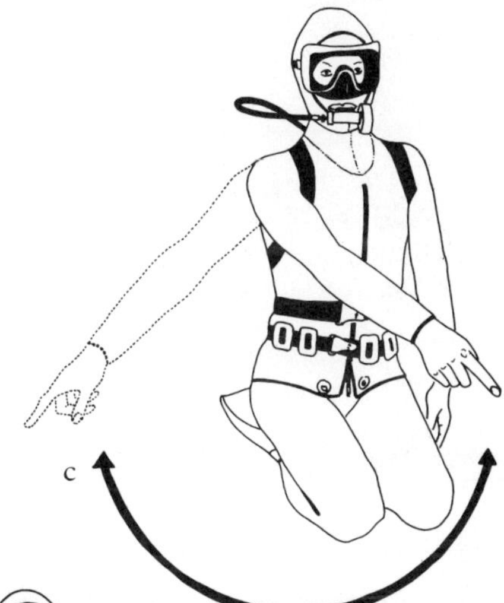

c

2: «Versammeln!» oder «Zusammenkommen!» (beide Fäuste geschlossen, Zeigefinger ausgestreckt, die Arme gehen mehrmals auseinander und wieder zusammen)

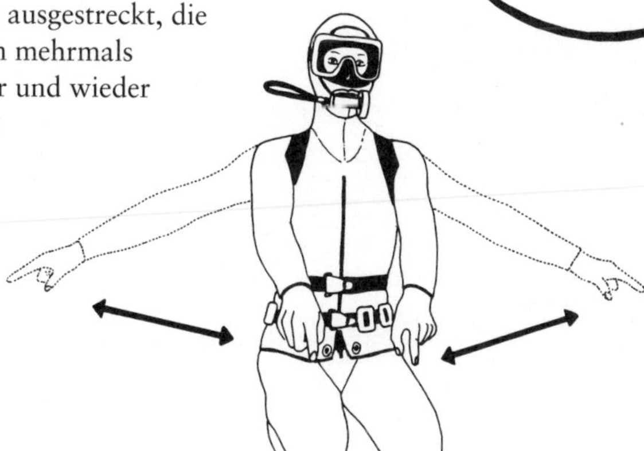

3: «Halt!» oder «Achtung!»

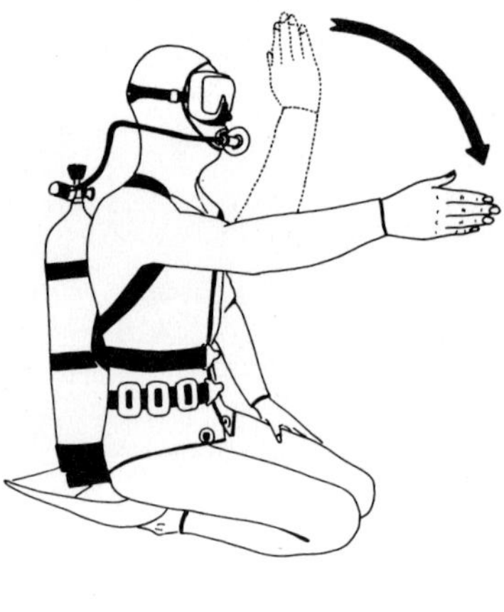

4: «...diese Richtung!» (offene Hand, Finger zusammen, die erhobene Hand durch Ausstrecken des Arms in die zu bezeichnende Richtung bringen)

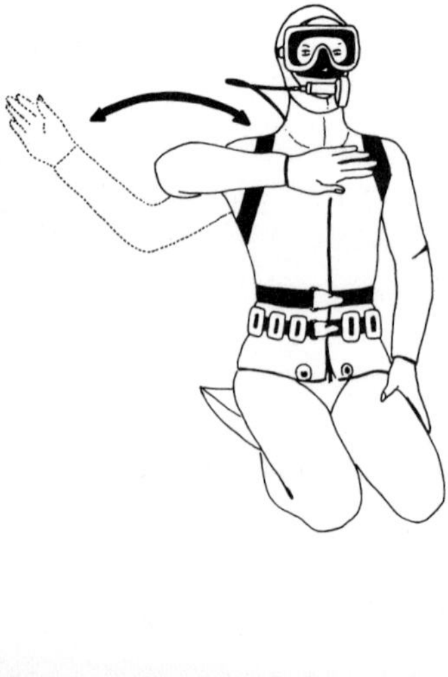

5: «Nein!» (offene Hand, Finger beisammen, die flache Hand dem Partner zugewandt, der Arm geht vor dem Körper von rechts nach links)

6: «Langsam!» (offene Hand, Handfläche nach unten, der Arm geht vor dem Körper langsam hoch und runter)

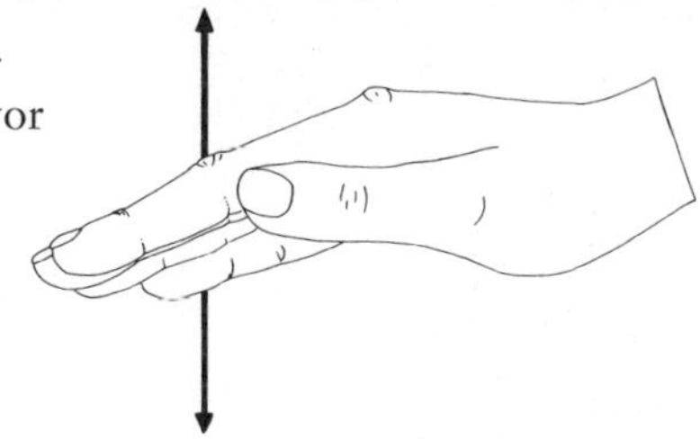

7: «Schnell!» oder «Schneller!» (offene Hand, Handfläche nach oben, der Arm beschreibt vor dem Körper schnelle Kreise um eine horizontale Achse)

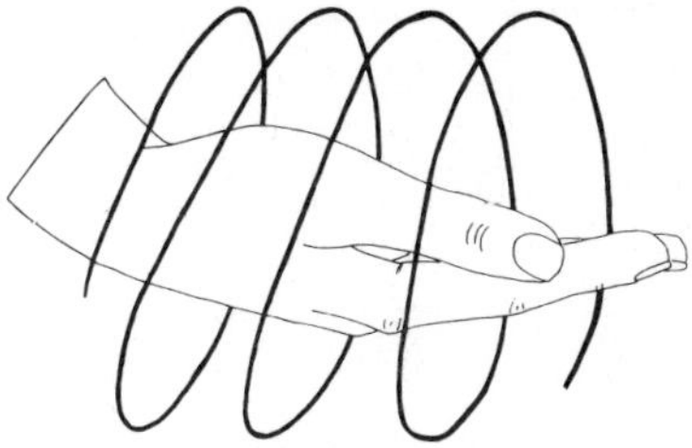

8: «Druckausgleich!» (Handfläche dem Partner zugewandt, der Daumen abgespreizt, die anderen Finger schließen und öffnen sich)

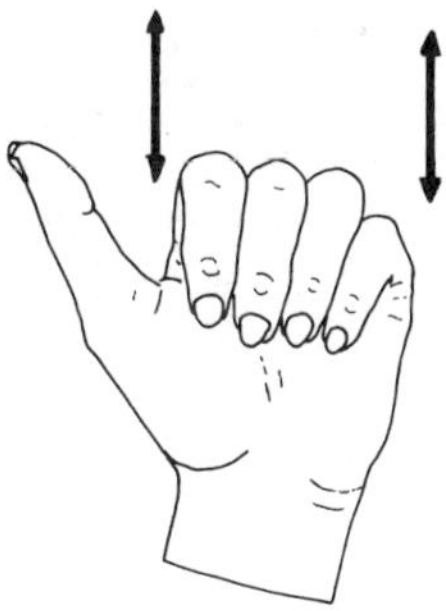

9: «Nicht verstanden!» (Handfläche nach oben, die Finger öffnen und schließen sich)

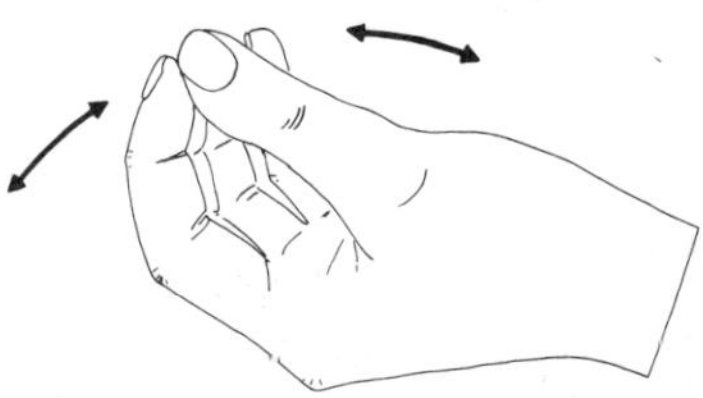

10: «Schwindelgefühl!» (Zeige- und Mittelfinger ausgestreckt, die anderen Finger auf der Hand geschlossen. Der Arm beschreibt Kreise um eine vertikale Achse)

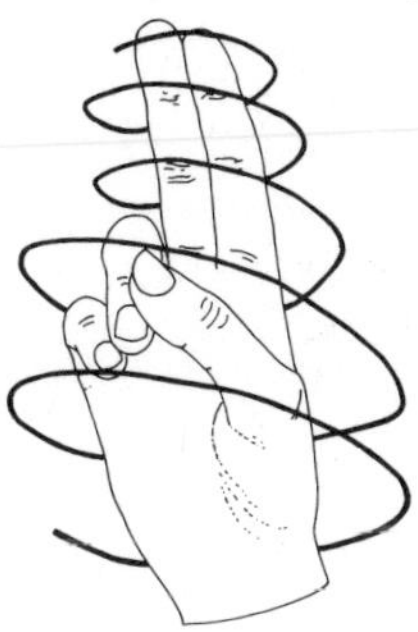

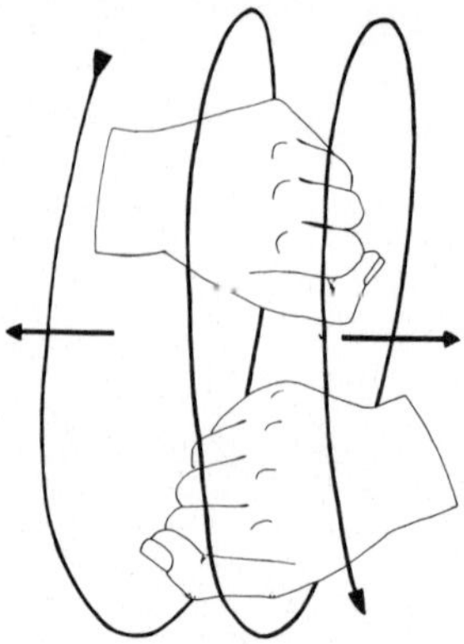

11: «Anbinden!» oder «Festmachen!» (die beiden Hände zur Faust geschlossen, die Arme drehen sich horizontal vor dem Körper, einer um den anderen, dann nach einer gewissen Zeit mit einem Ruck auseinander)

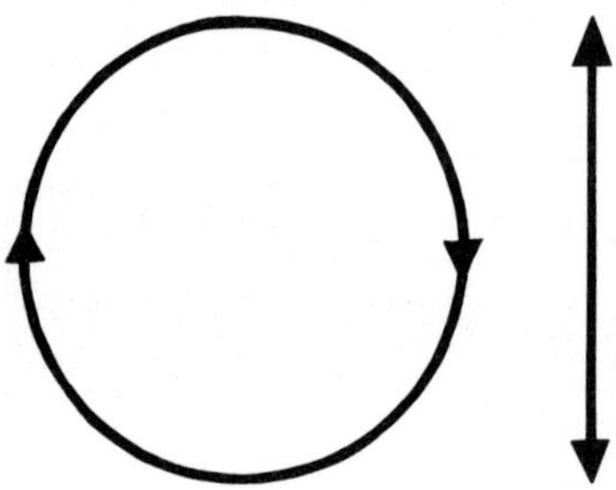

Zwei Nachttauchsignale

12: «Alles in Ordnung!» (kreisende Bewegungen mit der Lampe)

13: «Irgend etwas stimmt nicht!» (auf und ab mit der Lampe)
Diese Nachttauchsignale können sowohl unter wie auch über Wasser gegeben werden.

Unterwasser-Handzeichen sind kurze, prägnante Signale. Sie sind je nach Situation als *Frage, Antwort, Bitte* oder *Anweisung* auslegbar. Die Anwendung von Handzeichen in Verbindung mit der richtigen Deutung durch den Empfänger erhöhen die Sicherheit bei Tauchgängen. Allgemein sollte man bedenken:

- Zeichen nur geben, wenn es wirklich notwendig bzw. sinnvoll ist.
- Zeichen deutlich geben: in Kopfnähe, aber gegen freies Wasser! (Negativbeispiel: Handzeichen mit dunklem Handschuh vor dunklem Tauchanzug!) In dunklen Gewässern: die Hand gegebenenfalls mit UW-Lampe anstrahlen. Bei Gruppen mit drei und mehr Tauchern: die Zeichen mit beiden Händen und wiederholt geben!
- Sich vergewissern, daß der/die Partner die Zeichen auch wahrgenommen haben.
- Wenn ein Taucher auf Zeichen nicht reagiert: auf ihn zuschwimmen, Zeichen wiederholen.

Verständigung unter Wasser

Das am häufigsten verwendete Handzeichen ist sicher das «O.K.»-Zeichen. Es wird von den Tauchern nicht nur unter Wasser, sondern auch an der Wasseroberfläche angewandt. Beispiele: Springt man von Bord, dann gibt man an der Oberfläche schwimmend dem Verantwortlichen an Deck dieses Zeichen. Unmittelbar vor dem Abtauchen fragt der Gruppenführer per O.K.-Zeichen und erwartet entsprechende Bestätigung durch Handzeichen. Nach dem Auftauchen wird das Zeichen in Richtung Boot gegeben, um klarzumachen, daß man *nicht* wegen eines Notfalls aufgetaucht ist.

Gelegentlich wird vergessen, daß es außer Handzeichen noch andere Verständigungsmöglichkeiten unter Wasser gibt, nämlich Lichtsignale (Blinken mit starkem Handscheinwerfer) und Schallsignale (Schreien ins Mundstück, Klopfen mit dem Messer, z. B. gegen die Druckluftflasche). Zumindest sind das gute Möglichkeiten, den Partner darauf aufmerksam zu machen, daß er auf Handzeichen achten möge.

Das Überprüfen und Anlegen der Ausrüstung

Das erste, was ein Tauchschüler lernen sollte, ist das Fertigmachen und Prüfen des Drucklufttauchgerätes. Man checkt zunächst den Luftvorrat. Dies geschieht mit einem Handmanometer oder dem Finimeter. Das Handmanometer wird dort ins Flaschenventil geschraubt, wo sonst der Atemregler sitzt. Das Ventil wird langsam geöffnet, der Druck abgelesen. Nun schließt man das Ventil wieder und wartet, bis der Hochdruck im Manometer durch eine Drosseldüse abgebaut ist, um ihn abschrauben zu können.
Bei einem Atemregler mit Finimeter (= Manometer am flexiblen Schlauch) ist alles einfacher. Der Automat wird angeschraubt, das Ventil geöffnet und der Fülldruck an der Armatur abgelesen.
Natürlich braucht das DTG nicht in jedem Fall maximal gefüllt zu sein. Mit 100 bar Druck kann man in der Schwimmhalle noch eine Reihe von Übungen machen und kommt dann mit einiger Sicherheit in die Phasen des erhöhten Atemwiderstands und des «Reserve-Ziehens».
Der Lungenautomat wird erst unmittelbar vor dem Tauchen montiert, um Schäden an diesem teuren Gerät durch Transport oder Umstürzen zu vermeiden. Die O-Ringdichtung des Automaten erlaubt es, ihn nach dem Einschrauben in das Ventil lediglich von Hand anzuziehen. Die vollständige Dichtung und Arretierung erfolgt durch den sich aufbauenden Hochdruck nach dem Öffnen des Ventils. Bei einigen (wenigen) Atemreglern muß vorher die Position des Atemschlauches festgelegt werden:
Bei einem Einschlauchautomat ist zu prüfen, ob dieser *Blasenabweiser* hat. Dann muß der Schlauch (meist links) so am Kopf des Tauchers vorbeiführen, daß der

Einschlauchautomat *mit* Blasenabweiser
Position *falsch*

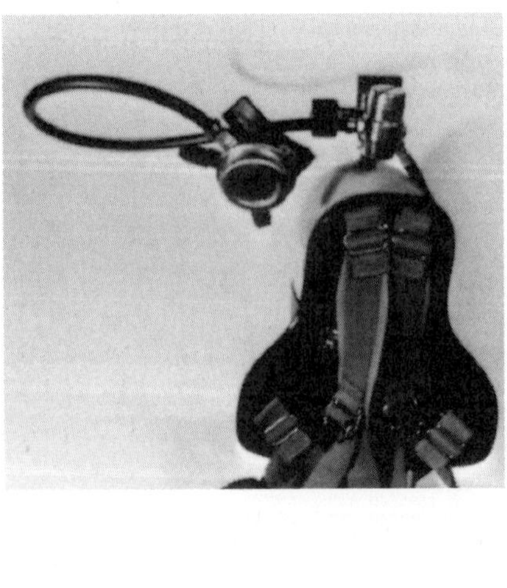

Einschlauchautomat *mit* Blasenabweiser
Position *richtig*

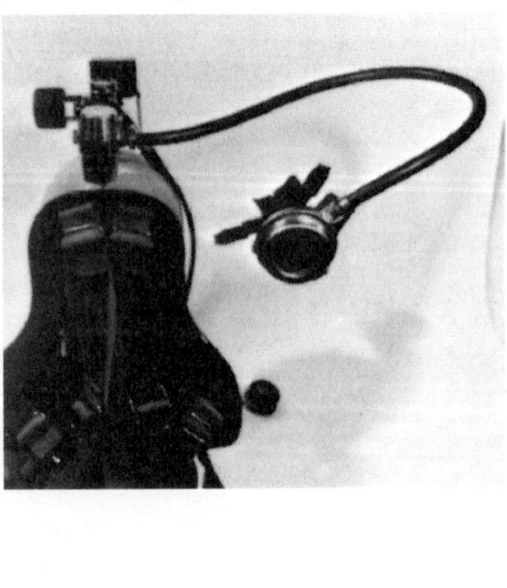

Gelbstreifenschnapper

Abweiser unten und das Mundstück oben sind, wenn der Automat benutzt wird. Wird ausnahmsweise noch ein Zweischlauchautomat verwendet, dann müssen Ein- und Ausatemschlauch nach oben zeigen.

Ist der Luftvorrat kontrolliert, der Automat angeschraubt und das Ventil der Flasche geöffnet, dann prüft man die Funktion. Dazu atmet man zwei- bis dreimal aus dem Gerät. Der Atemwiderstand darf dabei nur gering sein. Soll der Atemregler abgenommen oder auch nur gedreht werden, dann muß zunächst der Hochdruck zwischen Ventil und Automat abgebaut werden. Deshalb wird das Flaschenventil zugedreht und der Überdruck durch Betätigen der Luftdusche oder durch Abatmen beseitigt. Jetzt kann das Handrad des Atemreglers gedreht werden.

Wenn die Funktionen des DTG geprüft sind, erfolgt das *Anlegen* der gesamten Ausrüstung. Üblich ist dabei diese Reihenfolge: Zunächst wird das Drucklufttauchgerät, unmittelbar am oder im Wasser werden Maske und Schnorchel und danach die Flossen angelegt.

Das Anlegen des Geräts wird in den ersten Stunden am besten gelingen, wenn ein Helfer zupackt. Nach einigen Übungsversuchen muß man aber in der Lage sein, das DTG ohne Hilfe an- und abzulegen. Für das *Anlegen* gibt es zwei Möglichkeiten.

Anlegen über die Schulter

Der Taucher öffnet die Schultergurte etwas. Sind z. B. am linken Arm Instrumente befestigt, dann greift er am besten mit der linken Hand in den linken Schultergurt des DTG. So wird das Gerät angehoben und der linke Arm hindurchgeführt. Die rechte Hand sucht dann den rechten Schultergurt und schlüpft ebenfalls hindurch. Jetzt werden die Schultergurte angezogen und der Bauchgurt geschlossen. Unmittelbar danach sollte man zunächst auf die freie Lage und Erreichbarkeit von Atemregler, Finimeter und, falls vorhanden, Reserveschaltung achten! Hat man einen Tauchanzug mit Kopfhaube, dann sollte man diese vor dem Anlegen über den Kopf ziehen, damit sie nicht vom Gerät eingeklemmt wird.
Verwendet man ausnahmsweise noch einen Zweischlauchautomat, dann nimmt man das Mundstück während des Hochhebens des DTG mit der freien Hand und führt die Schläuche über den Kopf.
Bei der Schultermethode besteht die Möglichkeit des Hängenbleibens mit Arminstrumenten und des Verdrehens der Schultergurte durch das seitliche Herüberziehen. Oft folgt auch ein lästiges Suchen nach dem zweiten Schultergurt.

Anlegen über Kopf

Diese Methode ist die weitaus elegantere, erfordert allerdings auch mehr Übung und Kraft. Die Nachteile der «Schultermethode» fallen weitgehend fort.
Das Gerät steht am Boden. Der Taucher stellt sich hinter das Drucklufttauch-

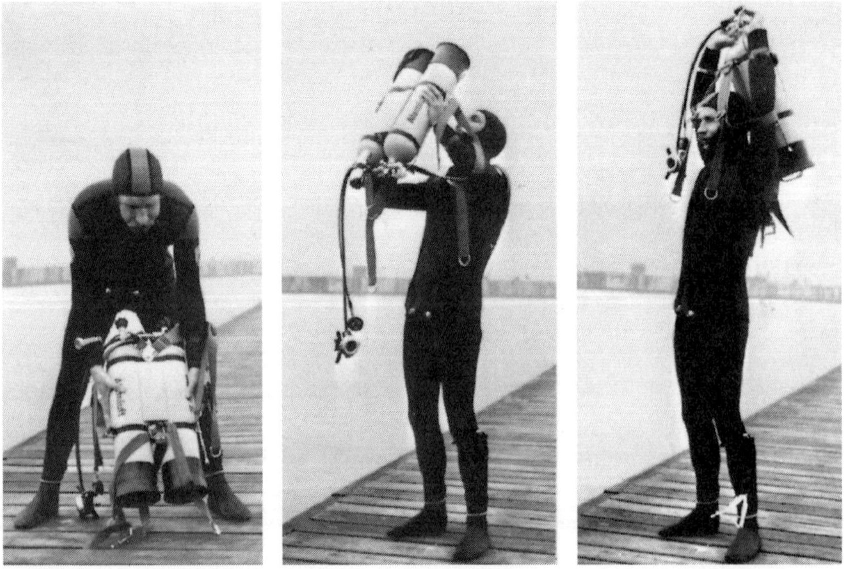

gerät, beugt sich hinab und faßt mit beiden Händen gleichzeitig durch die Schultergurte hindurch. Danach sollten die Gurte leicht gespannt über den Ellenbogengelenken liegen. Nun wird die Flasche bzw. deren Trage fest gepackt, hochgehoben, geschwenkt und über den Kopf geführt. Jetzt fallen die Schultergurte bereits in die annähernd richtige Position. Dann läßt man das Gerät herunterrutschen.
Auch hier gilt: bei Verwendung eines Tauchanzugs die Kopfhaube vor dem Anlegen des DTG überziehen.
Beim Schließen des Bauchgurtes darauf achten, daß die Schläuche von Finimeter und Atemregler nicht eingeklemmt werden!
Sitzt einem der Atemregler während des Tauchens im Genick, dann kann das sehr lästig werden. Man kann den Kopf nicht anheben oder stößt mit dem Hinterkopf gegen den Automaten. Ursachen: Möglicherweise sitzt das Tragegestell an der Flasche zu tief, dann wird diese entsprechend zu hoch positioniert. Falsch eingestellte oder zu lockere Gurte können ebenfalls der Grund für zu geringe Kopffreiheit sein.

Übungen im Schwimmbad

Aufgabe des Tauchlehrers ist es, die unterschiedlichen Voraussetzungen seiner Schüler angemessen zu berücksichtigen. So können einige bereits beim ersten Versuch wie selbstverständlich das Mundstück zwischen die Zähne nehmen und abtauchen. Andere wieder benötigen eine Eingewöhnungsphase, bis sie gelernt haben, daß man unter Wasser fast genauso leicht atmen kann wie über Wasser. Im letzteren Fall sollte man keinen Zwang ausüben. Ratsam ist es, den Schüler so lange unter Atmung aus dem Gerät an der Oberfläche schwimmen zu lassen, bis er selbst Mut zum Untertauchen faßt. Beginnen sollte der erste Versuch in der Nichtschwimmerzone des Beckens, wo jederzeit die Möglichkeit gegeben ist, sich hinzustellen.

Dem Tauchschüler sollte man immer wieder folgende Empfehlungen geben:
1. Nimm dir Zeit für den Druckausgleich im Mittelohr. Achte auf den sich ankündigenden mangelnden Druckausgleich in der Maske.
2. Halte nach der Atmung aus einem Tauchgerät beim Auftauchen niemals die Luft an. Atme vielmehr normal weiter. Wird das Gerät beim Auftauchen nicht benutzt (etwa weil es abgelegt wurde), dann atme die sich in der Lunge ausdehnende Luft langsam ab.
3. Benutze dein Lungenvolumen zur Steuerung des Auftriebs. Atme aus, und halte kurz die Luft an, wenn du sinken willst. Atme ein, und halte kurz die Luft an, wenn du steigen willst.

4. Versuche, dich möglichst schnell an eine ruhige, gleichmäßige Atmung zu gewöhnen.

Einige Trainingsbeispiele sind Partnerübungen. Aber auch die anderen hier vorgestellten Abläufe sollten so durchgeführt werden, daß als Nebeneffekt die wichtige Einsicht zum «Tauche nie allein» geweckt wird.
Die Unterwasser-Zeichensprache ist vor Beginn der Geräteausbildung zu vermitteln. Ihre Anwendung während der Ausbildung erleichtert diese, gleichzeitig gewöhnt man sich an die Art der Verständigung.

Übung 1
Horizontales Tauchen

Ziel: Gewöhnung an die Bewegung mit dem Gerät, Gefühl entwickeln für die «richtige» Geschwindigkeit
Den Tauchschülern wird die Aufgabe erteilt, eine Strecke von 50 m zu tauchen. Unter entsprechender Anweisung sollen sie folgende Lernziele erreichen:
a) Relativ langsames Tauchen mit dennoch effektivem Beinschlag aus der Hüfte heraus stellt für den Normalfall die rationellste Fortbewegung dar. So werden Streß und Lufthunger vermieden; man hat Zeit zur Beobachtung der Umwelt und der Tauchpartner und taucht länger mit einer Flaschenfüllung.
b) Die richtige Austarierung auch im flachen Wasser erleichtert das Tauchen. Zwar ergibt die Fortbewegung in der Horizontalen eine gewisse Stabilität bei der Einhaltung einer bestimmten Tiefe; dennoch kann es unangenehm sein und höheren Luftverbrauch bedeuten, wenn man zu schwer oder zu leicht ist.

Soll eine bestimmte Tiefe beim Tauchen in der Horizontalen gehalten werden, dann gibt die Lage des Tauchers im Wasser Aufschluß über seine Tarierung. Eine Schräglage mit «Kopf tief – Flossen hoch» weist auf einen zu starken Auftrieb hin. Die Lage «Kopf oben – Flossen unten» ergibt sich bei zuviel Ballast. In beiden Fällen wird vom Taucher versucht, dem Ungleichgewicht mit entgegensteuernder Flossenarbeit beizukommen.

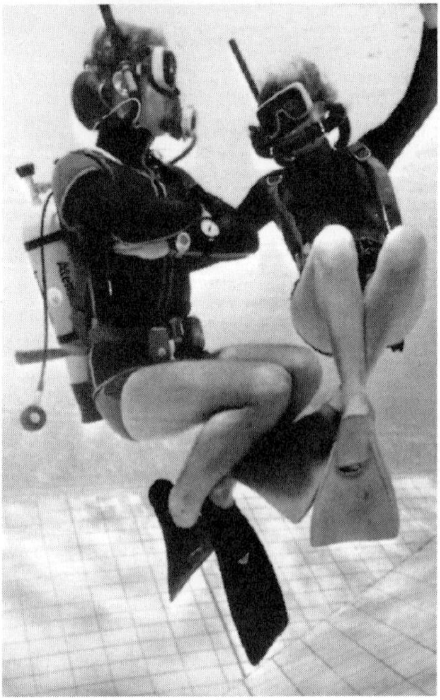

Übung 2
Veränderung des Auftriebs mittels der Atmung

Ziel: Erkennen und Ausnutzen dieser Steuerungsmöglichkeit

Dieses Training soll am Anfang der Geräteausbildung stehen, da es Schülern wie Ausbildern die Durchführung der weiteren Übungen erleichtert. Der Tauchschüler nimmt in etwa 3 m Tiefe eine senkrechte Position ein. Atmet man tief aus, dann ergibt sich eine deutliche Volumenverringerung bei gleichbleibendem Gewicht. Die Folge ist ein negativer Auftrieb bzw. schnelles Absinken.

Tiefe Einatmung dagegen bewirkt eine entsprechende Volumenvergrößerung. Die Folge wird ein positiver Auftrieb bzw. deutliches Hochtreiben des Tauchers sein.

Natürlich muß kurz nach Beginn des Aufsteigens wieder allmählich abgeatmet werden, um einer möglichen Lungenüberdehnung entgegenzuwirken.

Übung 3
Tauchen in Rückenlage

Ziel: auch in ungewohnter Lage richtungsstabil tauchen können

Horizontal taucht man zunächst in normaler Haltung, um dann durch Drehung um die Körperlängsachse in die Rückenlage zu wechseln (Foto Seite 121 oben). Der Kopf wird sofort weit nach hinten gelegt, um in Schwimmrichtung schauen zu können. Nun werden Kursänderungen wie «links», «rechts», «oben» und «unten» vorgenommen.

Übung 4
Gerätemundstück herausnehmen und wieder einsetzen

Ziel: Vorbereitung auf Luftmangelsituationen und auf die Partnerübung «Wechselatmung»

Man atmet noch einmal ein, nimmt das Gerätemundstück heraus und hält eine Weile die Luft an. Dann setzt man das Mundstück wieder ein und atmet etwas kräftiger als gewohnt aus. So wird mit der Ausatemluft das im Mundstück vorhandene Wasser herausgedrückt. Man atmet problemlos weiter. Zusätzlich kann man unmittelbar vor dem Wiedereinsetzen die *Luftdusche* der 2. Stufe betätigen. Dadurch wird ebenfalls das Wasser aus dem Mundstück entfernt.

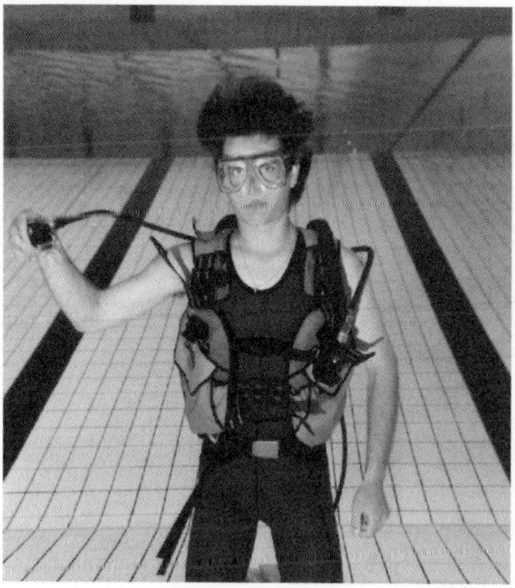

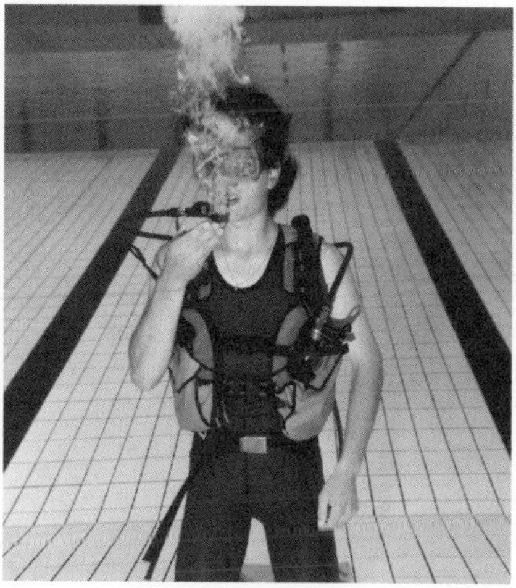

Übung 5
«Echte» oder «angedeutete» Wechselatmung zwischen zwei Tauchern

Ziel: Training für den Notfall

Fällt bei einem Tauchgang das DTG eines Teilnehmers aus und hat dessen Partner keinen *Zweitautomaten* an seinem Gerät, dann kommt einer funktionierenden Wechselatmung zwischen den beiden Tauchern eine entscheidende Bedeutung zu.

Die beiden Akteure packen sich gegenseitig am Oberarm oder am Schultergurt (siehe Fotos Seite 123). Mit der jeweils freien Hand wird das Mundstück abgegeben bzw. angenommen, und zwar so, daß es sich gleich in der richtigen Position befindet (gilt für Atemregler mit Blasenabweiser). Nach zwei Atemzügen erfolgt immer der Wechsel. Der Ablauf funktioniert erst dann gut, wenn bei keinem der Taucher Unsicherheit, Verschlucken oder Atemnot auftritt.

Während einer solchen Übung sollten sich die Taucher im ständigen Wechsel gegenseitig beobachten *und* kurze Blicke in das Umfeld und auf die Arminstrumente werfen!

Varianten dieses Trainings:

a) Aufsteigen während der Wechselatmung.

b) Horizontales Tauchen in Verbindung mit der Wechselatmung. Diese Übung ist etwas schwieriger: Beide müssen während der Wechselatmung aktiv schwimmen, und dies möglichst gleich schnell und einigermaßen richtungsstabil! (siehe Fotos Seite 124)

Hinweis: Bei der «angedeuteten» Wechselatmung wird das herausgenommene Mundstück lediglich in Richtung des Mundes des Partners bewegt, aber nicht wirklich eingeführt.

Übung 6
Atmung mehrerer Taucher aus einem DTG

Ziel: Simulation extremer Situationen, Anwendung einer interessanten Partnerübung

Ein DTG liegt in ca. 3 m Tiefe. Drei bis vier Teilnehmer tauchen nacheinander zum Gerät ab. Dort wird das Automatenmundstück von Taucher zu Taucher weitergegeben. Jeder macht maximal zwei Atemzüge und muß danach etwa 30 Sek. lang die Luft anhalten, bis er wieder an der Reihe ist.

Übung 7
Maskenwechsel während des Tauchens

Ziel: in jeder Situation fähig sein, Wasser aus der Maske zu entfernen

Der Ablauf unter Benutzung eines Tauchgeräts ist natürlich einfacher als beim Tauchen mit ABC-Ausrüstung, da genügend Luft für mehrere Versuche zur Verfügung steht.

Die Übung kann interessanter und schwieriger gestaltet werden: Zwei Taucher nehmen während des Schwimmens ihre Masken ab, tauschen sie aus, legen das jeweils fremde, ungewohnte Ausrüstungsstück an und blasen das Wasser hinaus.

Übung 8
Aufstieg ohne Atmung aus dem Gerät

Ziel: Training der physikalischen Notwendigkeit, nach Atmung aus einem DTG beim Aufstieg dann Luft abzuatmen, wenn das Gerät dabei nicht benutzt wird

Man beginnt mit dieser Übung in 3 bis 4 m Tiefe. Der Schüler atmet noch einmal ein, nimmt das Mundstück heraus und taucht langsam auf. Während des Hochtauchens wird aus dem leicht geöffneten Mund die durch den nachlassenden Druck frei werdende Luft abgegeben.

Wieviel Luft abzuatmen ist, kann der Anfänger nicht einfach «erfühlen». Es gilt daher der Grundsatz, lieber etwas mehr als zuwenig auszuatmen. Bei zu geringer Abatmung bemerkt man den entstehenden Überdruck in der Lunge deutlich.

Von allein strömt übrigens die Luft dann ab, wenn man bei leicht geöffnetem Mund die anschließenden Atemwege offen hält, also die Luftröhre nicht durch die Zunge bzw. Schluckbewegungen blockiert.

Während des Hochtauchens muß ein erfahrener Begleiter dabei sein; er hat die Ausatmung zu überwachen. Unterbleibt diese, dann muß er den Tauchschüler durch einen leichten Stoß gegen Magen oder Brust an den Vorgang erinnern.

Übung 9
Ablegen des Geräts unter Wasser

Ziel: in bestimmten Situationen fähig sein, sich schnell vom Gerät zu trennen

Bei einer konsequenten Einhaltung des «Tauche nie allein» werden die meisten Taucher sicher nie in die Verlegenheit kommen, im Ernstfall das DTG unter Wasser abwerfen zu müssen. Die Befreiung durch den Partner, die Wechselatmung beim Ausfall des Geräts, eventuell sogar der Schnellaufstieg sind meist die besseren Lösungen. Dennoch muß das Ablegen des DTG beherrscht werden.

Hier die einzelnen Phasen der Übung:

Hinknien oder -stellen auf den Grund.

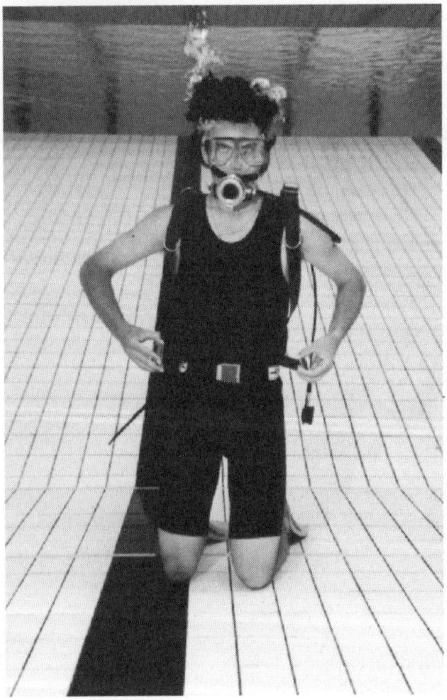

Lockern der Schultergurte, Öffnen des Bauchgurts.

Herausschlüpfen aus den Gurten, Abschwenken des Geräts bzw. sich selbst aus dem DTG herausdrehen (Simulation des festgehakten Geräts). Im Moment des Abschwenkens muß bei Verwendung eines Zweischlauchautomaten dessen Mundstück gleichzeitig über den Kopf gehoben werden, damit man vom Gerät freikommt.

Auftauchen unter Beachtung der Abatmung der expandierenden Luft.

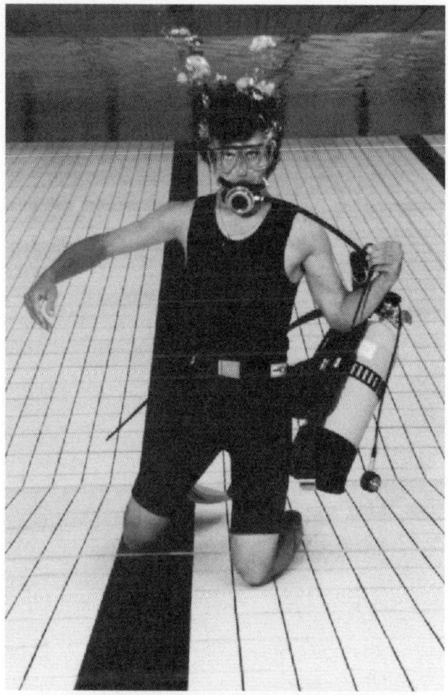

Wird die Übung mit einem DTG mit Zweischlauchautomaten durchgeführt, dann sollte vor dem Auftauchen das Flaschenventil geschlossen oder das Mundstück unter das Gerät gelegt werden. So verhindert man das Abströmen größerer Luftmengen.

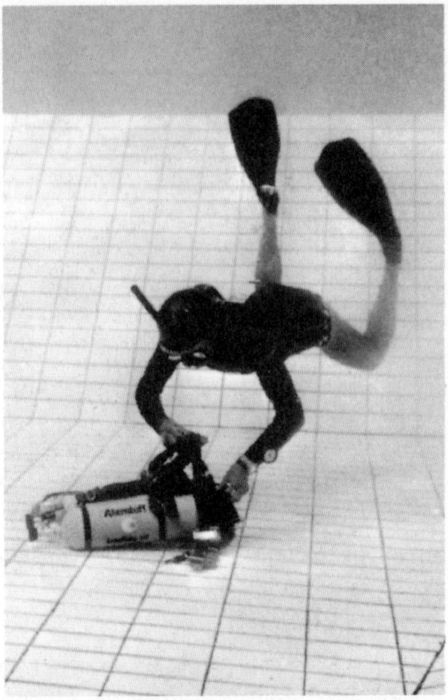

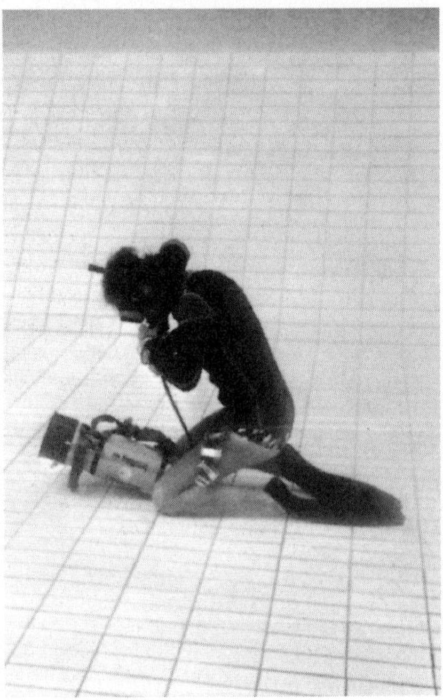

Übung 10

Anlegen des Geräts im und unter Wasser

Ziel: bei ungünstigen Bedingungen das DTG im Wasser anlegen können

Das Anlegen des Tauchgeräts an der Wasseroberfläche ist eine oft anwendbare Fertigkeit. Beim Tauchen vom Boot aus lassen relativ starker Seegang oder ein sehr kleines Boot das Anlegen an Bord häufig umständlich oder gefährlich werden. Dann zieht man lediglich Anzug und ABC-Ausrüstung an, springt ins Wasser und läßt sich das DTG nachreichen. – Das Anlegen des Tauchgeräts wird aufgrund der aufgehobenen Schwerkraft zu einer leichten Übung.

Die Beherrschung des Anlegens unter Wasser ist, im Gegensatz zum Ablegen, keine sicherheitsbedingte Notwendigkeit. Dennoch gehört dieses Training zu den Standardübungen, die gut geeignet sind, Koordinationsfähigkeit, Taktik und Geschicklichkeit zu fördern.

Die verschiedenen Phasen des Anlegens des Drucklufttauchgeräts unter Wasser sind:

Der Taucher stellt an der Wasseroberfläche schwimmend die Lage des Geräts fest. Er überlegt, von welcher Seite er am besten herantauchen kann. Dann holt er Luft und taucht ab.

Am Gerät muß er sofort das Mundstück einführen und die Luftversorgung prüfen bzw. sicherstellen.

Jetzt stellt man das Gerät vor sich hin, ordnet die Gurte und verschafft sich die Übersicht für den weiteren Ablauf.

Nun erfolgt das eigentliche Anlegen.

Dies kann sowohl über den Kopf wie auch seitlich über die Schulter erfolgen.
Das Mundstück wird dabei nicht mehr herausgenommen.

Hat der Taucher das Gerät angelegt, erfolgt die Prüfung der Position von Gerät und Gurten. Ist die Lage richtig, dann zieht er die Schultergurte an und schließt den Bauchgurt.

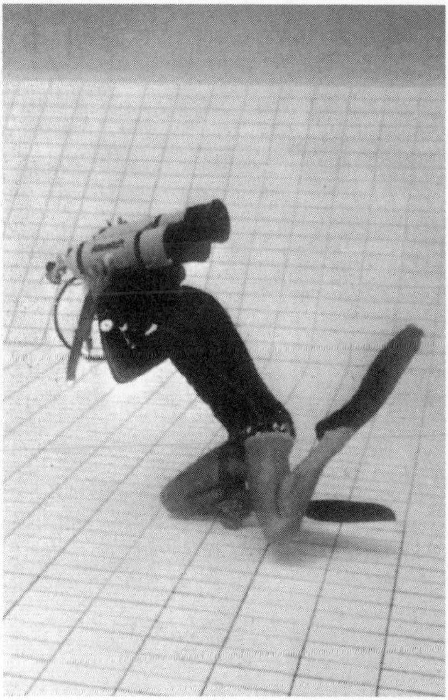

Übung 11
Tauchen ohne oder mit verdunkelter Maske

Ziel: Verlust oder Beschädigung der Maske simulieren, um ohne Panik auftauchen zu können; Orientierungsfähigkeit steigern

Diese Übung darf in keinem Ausbildungsprogramm fehlen, da jeder Taucher einmal seine Maske verlieren kann. Dabei sind kleinere Strecken tauchend zurückzulegen wie auch das Auftauchen ohne Maske zu trainieren. Die Taucher lernen dabei, daß man auch so normal weiteratmen und mit etwas Übung unter Wasser vieles erkennen kann.

Um unter Wasser ohne Maske sehen zu können, bedient man sich einer wirksamen Hilfe: Durch das Zukneifen der Augen bis auf einen schmalen Spalt wird die Sehschärfe erheblich besser.

Beim Tauchen mit verdunkelter Maske wird «totale Nacht» simuliert. Man ist nicht mehr in der Lage, eine bestimmte Richtung einzuhalten; lediglich «oben» und «unten» sind erfühlbar. Da auf die Taucher unter Wasser nur eine äußere

Schwerelosigkeit wirkt, bleibt die Funktion des Gleichgewichtsorgans erhalten. Bei dieser Übung kommt es auf den Tastsinn an; z. B. kann man in der Schwimmhalle durch das Abfühlen der Kachelfugen eine exakte Linie abtauchen.
Das Ablegen des DTG ohne bzw. mit verdunkelter Maske ist eine interessante Übungsvariante.

Übung 12
Sprung ins Wasser mit dem DTG

Ziel: auf unkomplizierte Weise schnell ins Wasser kommen
Für den Sprung mit Gerät gelten folgende Hinweise: Es darf nur gesprungen werden, wenn genau erkennbar ist, daß sich keine Hindernisse an der Einsprungstelle befinden.
Erst recht mit DTG ist der Fußsprung der sicherste Sprung. Dennoch wird man aufgrund der schweren Ausrüstung sehr oft auch die Rolle rückwärts anwenden.

Vor dem Fußsprung prüfen, ob das Gerät gut am Körper liegt und die Gurte angezogen sind. Sitzt das Gerät zu lokker, dann besteht die Gefahr, daß beim Aufprall auf das Wasser das Flaschenventil oder der Lungenautomat gegen den Kopf des Tauchers stoßen.
Vor dem Absprung ist das Mundstück einzuführen, so daß der Taucher bereits aus dem Gerät atmet. Während des Sprungs sind die Beine fest zu schließen und die Tauchmaske mit einer Hand festzuhalten. Unmittelbar vor dem Eintauchen muß der Taucher bei einem Fußsprung seinen Kopf etwas anheben. Kommt man so ins Wasser, daß die Maskenscheibe parallel zur Wasseroberfläche zeigt, dann besteht die Gefahr von Verletzungen. – Die Sprünge lassen sich bei vielen Gelegenheiten durchführen: in der Schwimmhalle, vom Steg, von einer Brücke und aus einem Boot.
Die Übung ist für den Anfänger besonders wichtig, dessen «Schwellenangst» oft von der Vorstellung beeinflußt wird, das schwere DTG würde ihn in die Tiefe ziehen. Bereits der erste Versuch zeigt aber die Wirksamkeit des Archimedischen Prinzips: Der Taucher sinkt nicht tiefer ein als ein Schwimmer nach einem Sprung aus gleicher Höhe.

Rolle rückwärts

Übung 13
Schnorcheln/Schwimmen mit Tauchgerät

Ziel: die Fähigkeit entwickeln, größere Strecken mit dem DTG an der Oberfläche schwimmend zurückzulegen

Diese Übung ist von Anfang an in das Gerätetauchtraining einzubauen. Beginnend mit 25 m, sind die zurückzulegenden Strecken ständig zu vergrößern. Am Ende der Ausbildung sollte man einem Taucher 300–500 m Schnorcheln ohne Unterbrechung zumuten können.

Das Schwimmen in *Brustlage* ist nur bei Atmung über den Schnorchel sinnvoll und vernünftig. Grund: Das etwas aus dem Wasser ragende Drucklufttauchgerät läßt den Taucher relativ weit einsinken. Dies und die Lage an sich würden dazu führen, daß man den Kopf zum Luftholen jeweils mühsam über Wasser heben müßte. Vorteile der Brustlage: Beobachtung der Unterwasser-Szenerie, Erkennung von Hindernissen und bessere Richtungseinhaltung sind möglich.

Sehr oft wird in *Rückenlage* geschwommen. Die Vorteile dieser Lage sind: Das Gerät ist völlig unter Wasser. Man fühlt sich entsprechend leicht, kann den Schnorchel herausnehmen, sich mit dem Partner unterhalten und (bei ruhigem Wasser) die Maske unters Kinn nehmen, um frei atmen zu können.

Entscheidend für die Bewältigung größerer Strecken ist auch beim Schnorcheln ein effektiver Flossenschlag aus der Hüfte heraus, verbunden mit einer rationellen Kräfteeinteilung.

Übung 14
Bergen und Schleppen eines Gerätetauchers

Ziel: im Notfall seinem Tauchpartner helfen können

Ein an Land relativ harmloser Zwischenfall wie Schwäche oder Ohnmacht kann für einen Taucher im freien Wasser zur Katastrophe werden, wenn der begleitende Partner nicht fähig ist, den Verunglückten unverzüglich nach oben zu bringen und/oder ihn wenigstens 100 m weit zum Boot oder Strand zu schleppen.

Die Übung, die zugleich ein gutes Konditionstraining darstellt, wird etwa folgendermaßen abgewickelt:

Der «Verunglückte» liegt, mit dem DTG ausgerüstet, in 3 bis 5 m Tiefe auf dem Grund. Der Helfer, nur mit ABC und eventuell Tauchanzug ausgerüstet, taucht ab, faßt den am Grund Liegenden und bringt ihn an die Oberfläche. Während des Aufstiegs muß der Bergende den Kopf des Verunfallten überstrecken, damit die sich ausdehnende Lungenluft abfließen kann. Diese Ausatmung muß kontrolliert werden. Gegebenenfalls muß der «Simulant» durch (leichte) Stöße gegen Brust oder Bauch daran erinnert werden.

An der Wasseroberfläche wird der «Leblose» sofort in die Rückenlage gebracht. Trägt der Verunfallte eine Taucherweste oder ein Jacket, so wird dessen Auftriebskörper etwa zur Hälfte mit Luft gefüllt. Den Kopf faßt nun der Helfer so, daß seine Hände im Bereich Hals/Wange und die Finger unter dem Kinn liegen. Während dieses Vorgangs befindet sich der Retter ebenfalls in Rückenlage unter bzw. hinter dem zu Schleppenden. Der Kopf des Geborgenen soll beim Schleppvorgang so ausgerichtet und gehalten werden, daß kein Wasser in den Mund dringt.

Beim Schleppen erweisen sich die Flossen als wirksame Hilfe. Behindert wird man dagegen durch das DTG des «Verunglückten».

Abgewandelt und erweitert werden kann diese Übung durch folgende zusätzliche Maßnahmen:

- Der zu Bergende trägt einen Bleigürtel. Dieser muß vom Helfer vor dem Hochbringen abgenommen werden.
- Das DTG wird vor dem Beginn des Schleppens abgenommen. Dazu sollte ein zweiter Helfer einspringen; denn der Kopf des «Bewußtlosen» soll nicht unnötig unter Wasser geraten.
- Der Verunglückte wird nun an Land oder in ein Boot transportiert. In Verbindung mit der Demonstration der Mund-zu-Mund-Beatmung erhält diese Übung einen sinnvollen Abschluß.

Das Tauchen mit Drucklufttauchgerät im freien Wasser

Was Sie wissen sollten

Wer mit dem Tauchen in Meer oder See beginnt oder Anfänger dort ausbildet, sollte grundsätzlich bedenken:

1. Über einen längeren Zeitraum gesehen, ist es notwendig, ein akzeptables Verhältnis zwischen Üben und Erleben zu finden. Sich immer wiederholende Übungstauchgänge verderben den Spaß. Training allein ist keine Motivation für das Hobby «Sporttauchen». Wird jedoch ohne Vorbereitung getaucht, dann ist dies ebensowenig vertretbar. Optimal ist es also, wenn es gelingt, das erforderliche Tauchtraining mit (Erfolgs-)Erlebnissen zu verbinden.

2. Ein Taucher muß seiner Ausrüstung gewachsen sein, ihr Umfang sollte der Erfahrung und Kondition angepaßt werden. So wäre zum Beispiel ein Tauchschüler, ausgerüstet mit einem extrem dicken Neopren- oder gar Trockentauchanzug, entsprechendem Bleigürtel und 20-l-Doppelflaschengerät, glatt überfordert.

Auch scheinbare Kleinigkeiten sollten bedacht werden. So können sich dicke Neoprenhandschuhe für einen Beginner (mit dem man sicherlich nicht gerade im Winter tauchen geht) als wirkliches Handicap erweisen. Sie blockieren den Tastsinn völlig. Übungen wie «Ab- und Anlegen von Bleigürtel, Tauchgerät und Tauchmaske» werden dadurch sehr erschwert. Wenn schon Handschuhe, dann reichen Arbeits- oder Haushaltshandschuhe völlig aus.

3. Die Art des Tauchgewässers ist von entscheidender Bedeutung. Es ist ein gravierender Unterschied, ob man in warmem, glasklarem Wasser eine Tiefe von 20 m erreicht oder ob man dies in einem kalten, relativ undurchsichtigen und daher dunklen See vollbringt. Schlechte Sichtverhältnisse und/oder Dunkelheit können die gewohnte Sicherheit des Tauchers negativ beeinflussen. Diese Tatsache muß berücksichtigt werden, wenn Taucher, die ausschließlich im klaren Meer gelernt haben, ihre ersten Abstiege in Binnengewässern unternehmen!

Hai

Der erste Tauchgang

Der Verlauf des ersten Tauchgangs ist für viele Tauchschüler prägend für ihre weitere Einstellung zu diesem Sport. Ob es zu einem Erfolgs- oder aber zu einem Panikerlebnis kommt, ist eben beim ersten Tauchgang schwerwiegender, als wenn dies z. B. beim zehnten Tauchgang geschieht.
Es gibt einige Faktoren, die sich positiv auf den Verlauf auswirken. So ist die richtige Wahl des Tauchplatzes wichtig. Gestartet werden sollte vom Ufer aus in das flache Wasser, nicht vom Boot aus in das tiefe Wasser. Die Sicht unter Wasser sollte wenigstens 3 m betragen. Ideale Verhältnisse herrschen, wenn das Wasser ruhig und ohne Strömung ist.
Vorteilhaft ist es auch, wenn Tauchschüler und -lehrer sich bereits kennen, etwa durch die Ausbildung im Schwimmbad. Die gegenseitige Einschätzung und das Vertrauen des Schülers in die Fähigkeiten des Ausbilders können zu einem guten Ablauf des ersten Tauchgangs beitragen.

Der Abstieg in die Dunkelheit

Bedingt durch die geringere Durchsichtigkeit unserer Binnengewässer und auch der südlichen Ostsee wird das eindringende Tageslicht stark zurückgehalten. Hier können sich Situationen ergeben, in denen man bereits in 10 oder 20 m

Tiefe sozusagen «ins Schwarze hineintauchen» muß. Dies gilt um so mehr, als sich die Augen während des Abstiegs nur langsam an die Dunkelheit gewöhnen. Beim Tauchschüler ruft diese Finsternis mit einiger Sicherheit eine starke Beklemmung, oft sogar Angst hervor. Diese verständliche psychologische Sperre muß der erfahrene Begleiter durch eine allmähliche Heranführung an größere Tauchtiefen und durch langsames Abtauchen überwinden helfen.

Ein gutes Hilfsmittel dabei ist eine Leine (zum Beispiel Ankerleine), die von der Oberfläche zum Grund führt. Diese Leine ist für den Taucher gleichzeitig Stützpunkt und Wegweiser zur Oberfläche. Eine starke Unterwasser-Handlampe hilft zudem, dem Anfänger psychische Sicherheit zu geben.

Panik im Wasser

Unsicherheit im Wasser ist für den Taucher gefährlich. Sie kann Angst erzeugen; Angst kann sich zur Panik steigern. Es gibt bestimmte Situationen unter bzw. im Wasser, die bei Tauchern, denen es noch an Gelassenheit und Routine fehlt, Panik auslösen können.
Solche Situationen sind:

1. Der Taucher hat das Gefühl, nicht genügend Luft zu bekommen. Es tritt auf bei der Verwendung von Lungenautomaten mit ungenügender Luftlieferleistung, bei anstrengender körperlicher Tätigkeit unter Wasser oder einfach bei Unsicherheit.
2. Der Tauchpartner ist plötzlich verschwunden.

3. Beim Aufstieg aus größerer Tiefe ist trotz kräftiger Flossenarbeit kein Vorwärtskommen spürbar. Dieser Zustand tritt ein, wenn man überbleit ist, eventuell auch dann, wenn wegen eines nicht vorhandenen Tiefenmessers die Kontrollmöglichkeit über die zurückgelegte Strecke fehlt.
4. Das Zusammentreffen mehrerer Faktoren wie Angst, Luftmangel, Dunkelheit.
5. Schnorcheln mit Gerät, jedenfalls bei starkem Wellengang, bei Strömung oder wenn man zu schwer ist.

Panik *unter* Wasser tritt relativ selten auf. Viel häufiger ist sie an der Wasseroberfläche, nämlich beim Schnorcheln mit Gerät. Dies liegt vor allem an dem Gegensatz zwischen der Unterwassersituation und den Gegebenheiten an der Wasseroberfläche.

- Unter Wasser: Unbehindert und gleichmäßig dem DTG die Atemluft entnehmend, schwebt der Taucher schwerelos durch das Wasser. Er spürt dieses Element kaum. Die begrenzte Durchsichtigkeit läßt den Taucher höchstens 40 m weit schauen. So konzentriert er sich auf sein Umfeld und wird nicht durch weit Entferntes beunruhigt.
- An der Oberfläche: Hier herrschen andere Bedingungen. Urplötzlich ist das Element «Wasser» greifbar. Unmittelbar vor dem Taucher türmen sich Wellen auf, Wasser schlägt gegen die Maske, eventuell läuft der Schnorchel voll. Zwischen den Wogen gewinnt der Blick Raum. Der Taucher registriert das möglicherweise weit entfernte Ufer oder Boot. So kann Angst entstehen.

Gewöhnung, Training und Kondition sind auch hier die richtigen Gegenmaßnahmen. Sicherheit unter Wasser, gerade aber auch an der Wasseroberfläche, verleihen Jacket bzw. Taucherweste. Deren mögliche große Auftriebskräfte sind ein wesentliches psychologisches Moment.

Unter Wasser die Ruhe bewahren

Wer bei einem plötzlichen Ereignis, in einer kritischen Situation nicht mit Kopflosigkeit reagiert, sondern sein Verhalten weitgehend mit dem Verstand steuert, handelt kaltblütig. Diese Eigenschaft besitzt nicht jeder Taucher. Kaltblütigkeit ist zum Teil trainierbar. Dazu sollte ein Taucher folgendes versuchen und üben:

- Training und Routine beim Tauchen im Freiwasser erlangen
- Vertrauen entwickeln in die eigenen Fähigkeiten
- die eigenen Grenzen kennenlernen
- sicher sein, daß die Ausrüstung intakt ist
- mit Partnern tauchen, auf die man sich verlassen kann
- jede Hektik vor dem und während des Tauchens vermeiden

Gelassenheit unter Wasser ist die Voraussetzung für etliche UW-Aktivitäten wie z. B. Fotografieren, Filmen.

Der Mut, aufzugeben

Ein guter Sporttaucher sollte auch, im eigenen wie im Interesse seiner Tauchpartner, den Mut aufbringen können, einen Tauchgang gar nicht erst zu beginnen, wenn er sich unwohl fühlt oder wenn die örtlichen Gegebenheiten ganz offensichtlich dagegen sprechen. Dies können z. B. erkennbar schlechte Sicht, sehr starke Strömung oder hochgehende See sein. Genauso wichtig ist der rechtzeitige Entschluß zum Abbruch eines Tauchgangs oder einer Übung. Diese Entscheidung ist z. B. dann notwendig, wenn sich die Gewässerbedingungen während des Tauchens zum Nachteil verändern oder wenn (bei sich selbst oder beim Tauchpartner) erkennbares Unwohlsein zum deutlichen Warnzeichen wird.
Nur Taucher mit wenig Verantwortungsbereitschaft werden das Aufgeben eines geplanten oder den Abbruch eines laufenden Tauchgangs durch einen Tauchpartner negativ auslegen.

Das sollten Sie beachten

Die Vorbereitung von Tauchgängen

Die Größe einer Gruppe, der Ausbildungsstand der Teilnehmer, das Tauchgewässer und das geplante Vorhaben sind Faktoren, die Einfluß auf die Vorbereitung und Durchführung eines Tauchgangs haben.
Bei der Einteilung der Gruppen ist zu bedenken, daß die normalerweise geringe Durchsichtigkeit unserer Seen und Meere nur Gruppengrößen von drei, *maximal* vier Tauchern zuläßt.
Die Einteilung einer Vierergruppe könnte so sein: ein Tauchausbilder, zwei Tauchschüler und ein weiterer erfahrener Taucher. Der Gruppenleiter und der «Erfahrene» nehmen unter Wasser die beiden Neulinge in die Mitte, um sie ständig beobachten zu können.
Vor dem Tauchgang erfolgt in der Gruppe die Absprache, das «Briefing». Dabei werden Tauchdauer, maximale Tiefe, geplante Aktivitäten und Übungen besprochen und festgelegt. Die Einteilung der Gruppe, ihre Formation unter Wasser, das Verhalten in bestimmten Situationen (z. B. Strömung, Dunkelheit, Verlieren des Partners) gehören ebenso zum Gesprächsinhalt. Ein Briefing, vom Gruppenleiter geführt und von den Teilnehmern ergänzt, sollte sich auf die wesentlichen Fakten beschränken.
Jeder Taucher ist für seine Ausrüstung selbst verantwortlich. Vor dem Einstieg ins Wasser sollte aber der Gruppenleiter einen letzten *Check* der Ausrüstung aller

Teilnehmer vornehmen. Dabei geht es um die Vollständigkeit der Gerätschaften (der *Bleigürtel* wird gern mal vergessen) und deren Funktion. Die Füllung des DTG, dessen richtiger Sitz, die Erreichbarkeit des Mundstücks und des eventuellen Zweitautomaten, bei Verwendung einer Taucherweste deren richtiges Anlegen, funktionierender Inflatoranschluß für Jacket/Weste sind wesentliche Punkte.

Hinweis: Bei Ausbildungstauchgängen sollte wenigstens der Tauchlehrer bzw. Gruppenleiter einen *zweiten Atemregler* an seinem Gerät haben. In einem eventuellen Notfall erspart man sich «Wechselatmungsexperimente».

Kontakthalten unter Wasser

Eine gute Gruppe zeichnet sich unter anderem dadurch aus, daß sie sich während des Tauchens nur selten aus den Augen verliert. Es ist das vorrangige Gebot einer Ausbildung im freien Wasser, die Partner zur Kontakthaltung zu erziehen. Dazu gibt es mehrere Möglichkeiten.

Blickkontakt

Konsequenter Blickkontakt befähigt die Taucher, innerhalb einer Gruppe unter Wasser ununterbrochen zusammenzubleiben. Man überträgt ihnen damit Verantwortung und bringt sie dazu, trotz Ausführung eines bestimmten Tauchvorhabens in einem gewissen Rhythmus ständig sich wiederholenden visuellen Kontakt mit den Partnern zu halten.

Handkontakt

Unruhe oder Angst, ausgelöst etwa durch plötzliche Dunkelheit, sind bei einem Tauchschüler nicht ungewöhnlich. Bemerkt der erfahrene Begleiter an seinem Partner Symptome der Angst und Unruhe, dann trägt zur Beruhigung des Tauchschülers oft ein einfaches An-die-Hand-Nehmen bei. Damit wird eine Verbindung zwischen den Tauchern hergestellt.
Für den Lehrer ist der Handkontakt ein «guter Draht», der ihn über das Befinden des Schülers kaum im unklaren läßt. Unruhe und eine bevorstehende Panik sind fühlbar, Hinweis- und Achtungsignale ohne Verzögerung austauschbar. Der Partner ist direkt «ansprechbar».

Body-Leine

Diese Leine dient als Verbindung zwischen zwei Tauchern. Vorteilhaft anwendbar ist sie in sehr trüben Gewässern und bei der Ausführung bestimmter Aufgaben. Bei der Suche nach verlorenen Gegenständen oder bei der Durchführung bestimmter UW-Wettkampfdisziplinen kann der Blickkontakt wie auch der Handkontakt ablenkend, zeitraubend und damit nachteilig sein. Die Body-Leine ist dann die alternative Verbindungsmöglichkeit der Taucher.

Die Leine hat eine Stärke von 6 bis 8 mm und eine Länge von 1 bis 2 m. An den Enden befindet sich jeweils eine Handschlaufe. Der Durchmesser der Schlaufen muß so sein, daß einerseits ein versehentliches Verlieren unmöglich, andererseits mit Hilfe der freien Hand ein Abstreifen bei starker Zugbelastung sehr leicht möglich ist. Daher sind Karabinerhaken anstelle von Handschlaufen nicht zu empfehlen. Bei starkem Zug ist nach allen Erfahrungen ein Ausklinken solcher Haken nur selten möglich. – Eine starke Zugbelastung ist zum Beispiel gegeben, wenn der Partner seine Taucherweste/sein Jacket voll aufbläst.

Vorteilhaft sind kleine Auftriebskörper an der Leine. Dadurch behält sie eine gewisse Form, wenn sie nicht belastet ist. So vermeidet man ein Verhaken der Leine am Grund und vermindert die Gefahr des Sich-Verwickelns in der Leine.

Grundsätzlich aber gilt: Wo eine Leine vorhanden ist, besteht auch die Gefahr des Verhakens. Dies gilt um so mehr, je weniger die Leine erkennbar ist. Deshalb ist das Mitführen eines scharfen Werkzeugs zum Durchschneiden der Leine wichtig.

Verlieren eines Partners unter Wasser

Fehlt innerhalb einer Gruppe plötzlich ein Taucher, dann ist dies noch kein Grund zur Panik, wenn sich die Beteiligten an die Regeln halten. Im flachen Wasser tauchen alle sofort auf, formieren sich neu und tauchen wieder ab. In größerer Tiefe wird nur kurz, maximal etwa 60 Sek. gesucht, indem zum Beispiel die Richtung eingeschlagen wird, aus der man gekommen ist. Längere Suche wäre, insbesondere für den «Einzelgänger», zu gefährlich.

Teilnehmer einer Zweiergruppe stehen nach dem Verlieren ihres Partners vor der unangenehmen Situation, daß jeder plötzlich allein ist. Das Verlieren des Partners zieht in den seltensten Fällen einen Unfall nach sich. Daher gilt auch die Forderung, unter Wasser gar nicht erst lange zu suchen, sondern aufzutauchen. An der Oberfläche können im Notfall am ehesten die Luftblasen des noch unter Wasser befindlichen Tauchers entdeckt und Maßnahmen zur Suche getroffen bzw. mit anderen Tauchern besprochen werden.

Die Grundleine

Diese Leine führt von der Oberfläche, wo sie an einer Boje oder an einem Boot befestigt ist, bis zum Grund. Dort ist die Leine mit einem Gewicht festgelegt. Eine Grundleine ist ein «Leitfaden» für Taucher. Ihr Einsatz bewährt sich bei Tauchabstiegen von Gruppen, weil sie das Zusammenbleiben erleichtert. Die Leine hilft bei Abstiegen in die Dunkelheit. Dort bildet sie eine Stütze und wird zur Führungsleine.
Auch wenn die Leine von den Tauchern nicht erfaßt, sondern nur mit den Augen als Leitlinie verfolgt wird, ist sie doch eine psychologische Hilfe und bietet die Gewißheit, jederzeit zugreifen und sich im Notfall emporziehen zu können. Den gleichen Effekt hat eine Ankerleine. Durch ihren schrägen Verlauf ist sie bei stärkerer Strömung sogar noch besser geeignet.

Tauchen vom Boot aus

Gute Tauchplätze lassen sich oft nur mit dem Boot erreichen. Tauchgänge vom Boot aus sind meist sicherer durchzuführen. In unmittelbarer Nähe des Tauchplatzes einen beweglichen Stützpunkt zu haben wird in kritischen Situationen ein großer Vorteil sein.

Benutzung eines kleinen Bootes

Ein Minimum an Ordnung und Planung erleichtert das Vorhaben. Die Tauchanzüge, eventuell sogar die gesamte Ausrüstung, werden an Land angelegt. So vermeidet man ein großes Gedränge im Boot vor Ort. Das Boot braucht einen seiner Größe angemessenen Anker mit einer zugfesten und genügend langen Leine. Für deren Länge gilt die Regel: Wassertiefe · 3 = Mindestlänge der Ankerleine.
Ist das Boot fest verankert, beginnen die Vorbereitungen für den Abstieg. Eine Taucherflagge wird gesetzt. Die restliche Ausrüstung wird angelegt. (Die Tauchgeräte selbst lassen sich am leichtesten *im* Wasser anziehen!) Um ins Wasser zu gelangen, kommt vom kleinen Boot nur die «Rolle rückwärts» in Betracht. Da das Boot dabei mehr oder weniger stark schaukelt, ist ein *Achtung*-Ruf an den/die Tauchpartner vor dem Fallen sinnvoll.
Man taucht zunächst am Ankerseil ab und überzeugt sich von der sicheren Position des Ankers. Wind oder Strömung können während des Tauchgangs wechseln, wodurch sich die Zugrichtung auf den Anker ändern würde. Nicht selten sahen Taucher nach ihrer Rückkehr an die Oberfläche ihr Boot nur noch als weit entfernten Punkt. Häufig war der Grund eine zu kurze oder gerissene Ankerleine, oder der Wind hatte gedreht und Boot und damit den Anker von einem Hang weggezogen.

Nach dem Aufstieg werden Blei und Gerät im Wasser abgenommen, ins Boot gegeben oder mit einer Leine am Boot gesichert. Danach wird es jedem gelingen, mit einem Schwung ohne fremde Hilfe ins Boot zu kommen.

Tauchen vom großen Boot (Taucherboot)

Hier wird man den Anzug und die übrige Ausrüstung erst unmittelbar am Tauchplatz anlegen. Deshalb sollte jeder Taucher seine Ausrüstung in einem ausreichend großen Behälter (Tasche, Seesack, Plastikkorb) mit an Bord nehmen, um Chaos zu vermeiden.

Ein Taucherboot soll unter anderem folgende Einrichtungen an Bord haben:

- Funkgerät, Echolot, Erste-Hilfe-Koffer, Beiboot
- Halterungen zur sicheren Lagerung der Druckluftflaschen
- eine stabile, mindestens 80 cm ins Wasser reichende Leiter, die auch einem schwergewichtigen Taucher das sichere Hochsteigen ermöglicht
- ein Dekoseil mit Gewicht, an welchem sich mindestens vier Taucher gleichzeitig festhalten können
- eine Strömungsleine von ca. 50 m Länge, die am Boot vorbeigetriebenen Tauchern das Festhalten ermöglicht
- ein Reservetauchgerät
- die Taucherflagge mit entsprechender Befestigungsmöglichkeit.

Tauchvorbereitungen an Bord

Schon während der Anfahrt zum Tauchplatz werden die Gruppen eingeteilt. Sind mehr als zehn Taucher an Bord, wird es unumgänglich, die Gruppen namentlich festzuhalten, um ihre spätere Rückkehr an Bord kontrollieren zu können. Die Tauchanzüge und Instrumente können angelegt und die Briefings durchgeführt werden. Die Tauchgeräte, Blei, ABC werden erst dann angelegt, wenn das Boot sicher vor Anker liegt. Die Taucher gehen gruppenweise ins Wasser. Gesprungen wird per Fußsprung oder «Rolle rückwärts». Meist wird an der Ankerleine abgetaucht. Die *erste* Gruppe prüft (und korrigiert eventuell) den Ankersitz. Eine Sicherheits-Tauchgruppe bleibt so lange an Bord, bis sie von einer vom Tauchen zurückkommenden Gruppe abgelöst wird. Die letzte Gruppe löst zum Abschluß gegebenenfalls den Anker so weit, daß er ohne Probleme aufgenommen werden kann.

Start von Bord bei Strömung

Liegt das Boot bei Strömung vor Anker, dann ändert sich für die Taucher die Situation ganz erheblich! Soll der Sprung ins Wasser nicht der Anfang vom vorzeitigen Ende des Tauchvorhabens werden, dann sind Taktiken und Maßnahmen gefragt, die *alle* beachten müssen.

- Sprung*bereit* müssen *alle* Mitglieder einer Gruppe sein, da in ganz kurzer Folge gesprungen wird! Jacket/Weste mit einigen Litern Luft gefüllt halten.
- Bereits beim Sprung kann man einen Meter gewinnen, indem man in Richtung Bug springt!
- Beim Eintauchen *sofort* mit der Flossenarbeit in Richtung Bug beginnen, dabei auftauchen, in Rückenlage gehen, O. K.-Zeichen zum Boot geben und ständig weiterschwimmen! (Viele Taucher kommen mit der *Rückenlage* beim Schwimmen gegen Strömung an der Oberfläche besser zurecht.)
- Sehr hilfreich ist eine am Überwasserteil der Ankerkette befestigte Leine, die mindestens bis zum Einsprungbereich langt. An ihr kann man sich gut vorwärts ziehen.
- Im Bugbereich dürfen sich erst recht bei Strömung keine Taucher zwischen Ankerleine und Bug aufhalten (Gefahr von Verletzungen durch das stampfende Boot).
- Der Gruppenleiter muß je nach Situation vorher entscheiden, ob sich die Gruppe vor dem Abtauchen an der Ankerleine sammelt oder ob man sich besser in 3 – 5 m Tiefe an der Leine trifft. Letzteres kann sinnvoll sein, wenn z. B. zusätzlich erheblicher Wellengang herrscht, der beim Festhalten an der Oberfläche Zeitverlust und Streß bedeuten würde.

Tauchen in Strömung

Bei Tauchgängen in Strömungsgewässern gibt es im wesentlichen drei Möglichkeiten:

1. Man taucht mit der Strömung, wenn man nicht auf die Rückkehr an den Einstiegspunkt angewiesen ist.

Dies kann der Fall sein, wenn man am Ufer ins Wasser steigt, sich von einer parallel verlaufenden Strömung treiben läßt und nach einer bestimmten Zeit wieder zum Strand zurückschwimmt. Dazu sollte man das Tauchgewässer aber kennen, um zu wissen, in welche Zonen man von der Strömung getrieben wird (Fahrwasser, Stellnetze?!).

2. Eine ähnliche Variante ist der «Drifttauchgang». Dabei wird in der Strömung vom (nicht ankernden) Boot gestartet. Das Boot treibt bzw. fährt mit und sammelt die Taucher zum Schluß wieder ein. Dazu ist es erforderlich, daß die Bootsbesatzung den Standort der Taucher jederzeit feststellen kann (Luftblasen, klares Wasser). Diese Art des Tauchens kann wunderschön sein, ist aber nicht ganz ungefährlich. Auf den Malediven hat es in den letzten Jahren aufsehenerregende Unfälle gegeben, bei denen Taucher spurlos verschwunden sind. Deshalb ist die Mitnahme von signalfarbenen Bojen wichtig, die klein gefaltet von jedem Taucher mitgeführt werden. Im Notfall wird solch ein stabförmiger Ballon aufgebla-

sen. Mit einer Länge von 1,50–2 m über der Wasseroberfläche macht die Boje den Taucher weithin sichtbar. Auch eine in auffallenden Farben gehaltene Tauchausrüstung trägt zur Sicherheit bei.

3. Man taucht zunächst *gegen* die Strömung, wenn der Einstiegspunkt wieder erreicht werden muß. (Dies kann ein verankertes Boot oder eine kleine Bucht sein.) Dafür gibt es gute Gründe. Ausgeruht und noch nicht unterkühlt kann man sich zu Beginn eines Tauchgangs eher stärkere körperliche Belastungen zumuten. Man taucht gegen die Strömung ab und stellt im Regelfall fest, daß die Strömung am Grund geringer ist («Strömungsschatten»). Ist dies aber nicht der Fall, dann wird man sich unter Umständen zum Abbruch entschließen. So hat man die ziemlich sichere Möglichkeit, den Einstiegspunkt *mit* der Strömung wieder zu erreichen. Ähnlich ist es, wenn man unter Wasser schon eine größere Strecke gegen die Strömung zurückgelegt hat und aus irgendwelchen Gründen (z. B. Luftmangel, Unwohlsein) zum Auftauchen gezwungen wird. Kraftsparend kann man an der Oberfläche mit der Strömung in Richtung Einstiegspunkt schwimmen.

Irgendwann muß man beim Tauchen gegen die Strömung umkehren – oder gleich auftauchen. Der Versuch, den Einstiegspunkt unter Wasser wiederzufinden, ist riskant. Unangenehm wird es, wenn man nach vergeblicher Suche auf-

taucht und feststellt, daß man schon weit über das Ziel hinaus ist und *gegen* die Strömung zurück muß!
Noch einige Hinweise zum Strömungstauchen:

- Tauchen *gegen* die Strömung bedeutet hohen Luftverbrauch. Deshalb öfter als sonst den Luftvorrat kontrollieren.
- In bestimmten Gewässern kann die Oberflächenströmung entgegengesetzt der Grundströmung sein. In solchem Fall immer in Richtung *gegen* die *Oberflächenströmung* tauchen.
- Wird gegen die Strömung abgetaucht und ist keine Anker- bzw. Grundleine gesetzt, dann sollte man so schnell wie möglich den Grund erreichen, um die dort meist vorhandenen «Strömungsschatten» zu nutzen.
- Tauchen in der Strömung erfordert eine gewisse Kondition und Erfahrung. Dennoch sollte man sich so früh wie möglich mit dem Kriterium «Strömung» vertraut machen.

Tauchen vom Strand aus bei starker Brandung

Als Taucher bei Wellengang von einer Felsküste zu starten kann spätestens beim Versuch der Rückkehr ans Ufer lebensgefährlich werden.
Ganz anders ist die Situation an einem Sandstrand oder einem zu Beginn sehr flachen Ufer. Aber auch dort kann einiges falsch gemacht werden. So mancher Taucher hat den Versuch, in der Brandung Flossen und Maske anzulegen, mit dem Verlust dieser Ausrüstung bezahlt und/oder wurde dabei von Brechern mehrfach zu Boden geworfen und regelrecht «demoralisiert».
Zwei Möglichkeiten gibt es, solche Reinfälle zu vermeiden. Grundsätzlich sollte man Flossen und Maske dort anlegen, wo die Wellen ihre Wirkung verloren haben. Dies kann am Strand oder auch in 20 cm tiefem Wasser sein. Die Flossen müssen wirklich fest sitzen, auch die Bänderung der Tauchmaske sollte strammer als normal eingestellt sein. Dann watet man *rückwärts* schreitend ins tiefere Wasser, ständig auf «Stolpern» vorbereitet und sich in der Gruppe gegenseitig auf herannahende größere Wellen aufmerksam machend. Hilfreich ist auch, ruhigere Wellenphasen abzuwarten. Bei 80–100 cm Wassertiefe sollte man dann in Brustlage schnorchelnd den kleineren und größeren Brechern entgegenschwimmen und sich von ihnen *überrollen* lassen, bis man die meist kurze Brandungszone passiert hat.
Wesentlich eleganter ist diese Methode: Bereits in 30–40 cm tiefem Wasser beginnt man mit dem Schwimmen in Brustlage! Jacket/Weste dabei völlig entleeren, ruhigere Wellenphase abwarten, Brandungswellen beobachten, kurz vor dem Aufprall den Kopf absenken und so die Welle problemlos über sich hinweg-

rollen lassen. Dabei ständig mit den Händen absichern (Handschuhe!) und auch darauf gefaßt sein, daß durch das Luft-Wasser-Gemisch des Brechers sekundenlang nichts zu erkennen ist!
Auch die Rückkehr durch die Brandungszone ist kein Spaziergang. Man muß ständig auf radikale Schübe gefaßt sein. Daher: Hände in Vorhalte! Sich immer wieder umschauen, um nicht von besonders großen Wellen überrascht zu werden! Kommt so eine kleine Monsterwelle, kann es sinnvoll sein, sich umzudrehen und die Welle «Kopf voran» zu untertauchen! Zum Schluß gilt: Flossen und Maske erst dort ablegen, wo die Wellen keine Wirkung mehr haben.

Die Orientierung unter Wasser

Jeder Taucher sollte versuchen, eine gewisse Fertigkeit in der Orientierung zu erlangen. Der *Handkompaß* gehört daher zur Standardausrüstung. Der Kompaß ermöglicht nach entsprechender Übung auch unter Wasser eine recht gute Richtungseinhaltung. Wichtig: Der Kompaß muß möglichst genau in der Körperachse gehalten und sollte so wenig wie möglich durch andere Geräte beeinflußt werden. Deshalb den Kompaß nicht am Handgelenk, sondern auf einer Konsole oder mit gestreckten Armen zwischen den Händen haltend ablesen. Bei bestimmten Kompaßkursen ist natürlich auch die jeweils benötigte Zeit ein Faktor. Eine zu geringe Geschwindigkeit beim Tauchen ist beim Kurshalten von Nachteil, weil der Kurs dann unstabil wird.

Fürs Tauchen aber noch wichtiger ist die *Orientierung nach natürlichen Gegebenheiten*! In vielen Tauchsituationen ist ein Kompaß gar nicht einsetzbar. Deshalb ist es wichtig, die Sinne zu schulen auf die Wiedererkennung, Einordnung und Deutung bestimmter Fakten und Details. Dies sind vor allem:

- Die *Sonne* (wenn sie scheint): Der Sonnenstand ist mit die beste Orientierungshilfe unter Wasser. Ausgenommen in tropischen Gewässern, wo der zu senkrechte Sonnenstand keine Hilfe ist.
- Die *Wassertiefe*: Sich bestimmte Tiefen zu merken, an Tiefenlinien entlangzutauchen ist eine weitere gute Orientierungsmöglichkeit. Der Ehrgeiz einer Tauchgruppe wird es z. B. sein, das verankerte Boot bei der Rückkehr zu «treffen». Dazu merkt man sich die Tiefe des Ankers und versucht, sich die Veränderungen in der ersten Minute nach Verlassen des Ankers einzuprägen.
- Die *Landschaften*: Sich die abgetauchten Landschaften zu merken ist natürlich schwierig. Deshalb muß man sich auf markante Punkte konzentrieren und sich immer wieder mal umschauen, da eine Landschaft beim Rückweg bzw. aus der entgegengesetzten Richtung völlig anders aussehen kann! Auch bestimmte Bewuchsarten können Markierungspunkte darstellen.

- Die *Sandriffelung*: Meereswellen erzeugen eine Riffelung im Sandgrund, die *parallel* zur Küstenlinie verläuft.
- Die *Strömung*: Natürlich ist auch die Strömungsrichtung eine Orientierungshilfe!

Gern vergessen wird, daß nicht nur der Gruppenleiter, sondern die ganze Gruppe für die Orientierung verantwortlich ist. Wenn es z. B. darum geht, das verankerte Boot wiederzufinden, dann müssen *alle* mitsuchen. In der vermeintlichen Nähe des Zieles «spreizt» sich die Gruppe je nach Sichtweite. Alle Augen suchen ständig zwischen Grund und Wasseroberfläche, denn eine Ankerleine im freien Wasser oder der Schatten des Bootes an der Oberfläche sind oft leichter auszumachen als der Anker im Grund.

Nachttauchgänge

Nachts zu tauchen ist für viele Taucher ein besonderes Abenteuer. Der Reiz liegt in der ungewöhnlichen Situation und in der faszinierenden Szenerie. Die Lichtkegel der starken Handlampen durchbrechen die Dunkelheit, erfassen Taucher, Flora und Fauna und werfen gespenstische Schlagschatten. Viele Fische tauchen erst nachts auf. Der Taucher kann sich ihnen aufgrund seiner «Unsichtbarkeit» bis auf wenige Zentimeter nähern.

Start zu einem Nachttauchgang

Nachttauchen erfordert spezielle Vorkehrungen. Starke Strömung, schlechte Sicht oder hochgehende Wellen sollten Anlaß genug sein, solch ein Unternehmen gar nicht erst zu starten. Zwei-Mann-, maximal Drei-Mann-Gruppen sind die richtigen Größenordnungen für ein solches Tauchen. Alle Teilnehmer müssen eine gewisse Praxis im Freiwasser aufweisen und mit einer Handlampe ausgerüstet sein. Nicht nur selbst sehen, sondern auch gesehen werden ist die Devise.
Fällt bei einem Taucher die Handlampe aus, dann ist sofortiger Handkontakt mit einem Partner aufzunehmen. So kann ein Tauchgang noch zu Ende geführt werden. Für den Fall des Lampendefekts kann man auch ein «Cool-Light» mitführen; das ist ein mit einer chemischen Flüssigkeit gefülltes Kunststoffröhrchen. Es gibt nach einer bestimmten Handhabung stark phosphoreszierendes Licht ab und markiert einen Taucher in entsprechend klarem Wasser auf 10 m Entfernung und mehr.
Wird vom Ufer aus getaucht, sollte die Einstiegsstelle immer mit einem Lichtsignal gekennzeichnet werden. Es erleichtert den zurückkommenden Tauchern die Orientierung.
Wird vom Boot aus getaucht, wird das Licht an Bord unumgänglich. Bereits in 50 bis 100 m Entfernung ist das Boot in dunkler Nacht sonst nicht mehr zu erkennen.

Tauchen in Wracks

Wracks üben auf Taucher eine starke Faszination aus. Gesunkene Schiffe sind für Sporttaucher interessant, wenn sie in nicht zu großer Tiefe (maximal 40 m) und in relativ erhaltenem Zustand auf dem Grund liegen, wenn Aufbauten noch vorhanden sind und man also in das Wrack hineintauchen kann.
Tauchen in Wracks erfordert Umsicht und Aufmerksamkeit. Die Gefahr, daß Zeit und Tiefe vergessen werden, ist verstärkt gegeben. Gerechnet werden muß ferner mit einem Verhaken oder Hängenbleiben in Wrackteilen.
Ob man in das Schiffsinnere hineintauchen kann, muß jeweils «vor Ort» entschieden werden. Bei der Entscheidung spielen Wassertiefe, Sicht, Helligkeit und Zugänglichkeit des Wracks und nicht zuletzt die Fähigkeit der Taucher eine Rolle, sich weitgehend ohne Flossenschläge in einem relativ engen Raum zu bewegen. Jeder Flossenschlag wirbelt Ablagerungen auf. Schnell ist das Wasser vernebelt und der Rückweg eventuell nicht mehr erkennbar. Daher müssen sich die Taucher im Wrack langsam bewegen und sich mit den Händen an Wrackteilen vorwärts ziehen bzw. abdrücken.
Eine besondere Gefährdung ist bei Strömung gegeben. Tückisch sind «Grundseen». Dies sind starke Schübe, die über mehrere Sekunden anhalten, abklingen und in entgegengesetzter Richtung zurückkommen.

Ein Beispiel für ein Wrack, an dem Grundseen entstehen, ist das Wrack des Tankers *Ennerdale* im Indischen Ozean bei den Seychellen. An manchen Tagen treten trotz normaler Dünung an der Oberfläche Schübe auf, die auch am Wrack in immerhin 25 m Tiefe deutlich spürbar sind. Die Gefahr besteht, daß man von einer Grundsee gegen Wrackteile gedrückt oder durch offene Luken «geschossen» wird (Düseneffekt).

Tauchen unter Eis

Das Tauchen unter einer Eisdecke kann man als einen «Extremtauchgang» einordnen. Über den Sinn oder Unsinn solcher Abstiege läßt sich streiten. Ein zumindest optisches Erlebnis ist auch nur in sehr klaren Gewässern (zum Beispiel Bergseen) gegeben.
Das Außergewöhnliche dieses Tauchens liegt in der hermetischen Abgeschlossenheit der Wasseroberfläche. Die Rückkehr ist nur durch das Einstiegsloch möglich. Eine zusätzliche Gefährdung ergibt sich aufgrund der niedrigen Wassertemperatur und der damit verbundenen Vereisungsgefahr des benutzten Lungenautomaten.

Soll ein Eistauchgang gestartet werden, dann sind folgende Punkte zu berücksichtigen:
Ein genügend großes Einstiegsloch (mindestens 1,5 · 1,5 m) ist mit Säge oder Axt zu schaffen. In unmittelbarer Nähe wird ein kleineres Loch angelegt. Die frei werdenden Eisplatten werden nicht zerstört, sondern unter das Eis geschoben.
Nur Taucher mit genügender Erfahrung und Gelassenheit kommen für das Eistauchen in Frage.
Zwei-Mann-Gruppen sind hier die beste Zusammensetzung.
Getaucht werden darf nur mit *Leinenverbindung* zum Einstiegsloch. Dort ist ein Leinenführer zu postieren. Zwischen Tauchern und Leinenführer sind Leinensignale zu vereinbaren. Mehr als 20 m sollten sich die Taucher nicht vom Einstieg entfernen.
Es sollten nur Tauchgeräte mit zwei Lungenautomaten verwendet werden. Erst durch die Atmung und den damit verbundenen zusätzlichen Temperaturabfall kommt es während des Tauchens eventuell zur Vereisung des Reglers. Der Griff zum zweiten Automaten ist dann die schnellste Behebung der Panne.
Beim Eistauchen sind schon recht viele (und immer tödliche) Unfälle durch Dummheit und bodenlosen Leichtsinn passiert. Ein Irrtum ist es übrigens zu glauben, ein Taucher könne sich im Notfall mit seinem Messer von unten her ein Loch durch das Eis hacken. Dies ist bei einer tragfähigen Eisdecke nicht möglich.
Nach dem Tauchen sind die Einstiege mit den vorhandenen Eisplatten zu schlie-

ßen, damit ein schnelles Zufrieren gewährleistet ist. Die Stellen sind mit Buschwerk oder anderem auffallenden Material als Warnung für Schlittschuhläufer und andere Eisbesucher zu markieren.

Tauchen in Meereshöhlen

Mit dem Tauchen in Höhlen ist hier *nicht* das Erforschen von Höhlensystemen gemeint. Dies muß Spezialisten mit entsprechenden Erfahrungen und Ausrüstungen vorbehalten bleiben.
Sporttauchen in Grotten und Meereshöhlen jedoch ist nicht außergewöhnlich. Der räumliche Eindruck einer großen Höhle, das intensive blaue Licht des Eingangs, die spezifische Flora und Fauna können zu sehr schönen Erlebnissen werden. Dieses Tauchen in Höhlen erfordert aber auch Überlegungen und Verhaltensweisen, die beim «normalen» Tauchen nicht notwendig sind.

1. Die Gruppengröße sollte zwei bis drei Taucher nicht überschreiten. Die Dunkelheit macht es schwieriger, eine Gruppe zusammenzuhalten. Und je mehr Taucher gleichzeitig in der Grotte sind, desto größere Probleme bereiten deren aufsteigende Luftblasen. Diese stoßen gegen die Felswände und Höhlendecke. Die dadurch gelösten Sedimente rieseln herab und verschlechtern die Sicht! Aus gleichem Grund sollten Foto- und Videoaufnahmen besser in den ersten Minuten gemacht werden.
2. Die Dunkelheit erfordert, daß alle Teilnehmer mit Handlampen ausgerüstet sind.
3. Viele Höhlen haben (in Höhe des Meeresspiegels) luftgefüllte Hohlräume. Dies sollten die Taucher rechtzeitig herausfinden. Abgesehen von dem besonderen Erlebnis, in einer solchen Luftblase aufzutauchen, kann man in ihr sprechen und atmen. Dies ist auch für einen Notfall von Bedeutung.
4. Tauchen in Höhlen erfordert, ähnlich wie in Wracks, Geschicklichkeit und Umsicht. Die Tarierung muß perfekt beherrscht werden. Der Grund soll nicht aufgewühlt werden. Umweltgesichtspunkte gehören dazu: Der Taucher darf nicht an Wänden entlangschrammen oder gegen die Decke treiben, um nicht seltene Flora oder filigrane Gebilde zu zerstören.
5. Aus Sicherheitsgründen ist zu beachten:
   a) Höhlen, deren Eingang tiefer als 40 m liegt, nicht betauchen!
   b) In der Höhle nur so weit vom Eingang entfernen, daß dieser immer sichtbar bleibt!
   c) Zweitautomaten und Handlampen verwenden.
   d) Vorsicht bei Nutzung von fest installierten Leinen in Höhlen. Diese führen oft in Bereiche, die weit außerhalb der Sichtweite des Eingangs liegen. Das Risiko wird deutlich höher!

Tauchunfälle

Es gibt typische Fehler und Ursachen, die zu Unfällen führen.
Ursache 1: menschliches Versagen. Dies betrifft die Nichtbeachtung physikalischer Gesetze und tauchmedizinischer Erkenntnisse. Hierzu gehört die Selbstüberschätzung einiger «Sporttaucher», die nicht wahrhaben wollen, daß es zu risikoreich ist, in einem Binnengewässer 40 m und tiefer zu tauchen!
Ursache 2: Verhalten und Situationen *vor* dem Tauchen. Dazu gehören übermäßiges Essen und/oder Alkoholgenuß oder größere psychische bzw. physische Belastungen. Wer z. B. nach einer mehrtägigen Fahrt am Urlaubsort eintrifft und am gleichen Tag einen anstrengenden Tauchgang unternimmt, ist einem erhöhten Risiko ausgesetzt.
Ursache 3: Nichtbeachtung von Sicherheitsregeln. Dies können Verstöße sein gegen die Grundsätze «Tauche nie allein» oder «Tauche nicht bzw. nur unter entsprechender Absicherung bei starkem Bootsverkehr, bei sehr schlechter Sicht, bei starkem Wellengang und bei starker Strömung».
Weitere mögliche Ursachen von Tauchunfällen können eine nicht intakte Ausrüstung, ein Nicht-Checken der Ausrüstung vor dem Tauchen und natürlich auch ein ungenügendes Tauchtraining sein.
Nicht selten führt erst eine Verkettung von Umständen zum Unfall. Dazu ein Beispiel: Vor der Insel Fehmarn verfängt sich ein Sporttaucher in einem Netz, kann sich nicht befreien und ertrinkt. Die auslösende Ursache war das Verhaken mit dem Drucklufttauchgerät im Netz. Damit muß aber jeder rechnen, der in der Nähe von Netzen taucht. Die zweite Unfallursache ist wahrscheinlich die, daß der Taucher aufgrund fehlenden Trainings nicht in der Lage war, aus dem Tauchgerät «auszusteigen». Dann wäre es für ihn ein leichtes gewesen, aus 4–6 Meter Tiefe an die Oberfläche zu kommen.
Die dritte und wohl entscheidende Ursache: Der Mann tauchte allein. Ein begleitender Taucher wäre sicher fähig gewesen, den Partner mit wenigen Handgriffen aus dieser gefährlichen Situation zu befreien.

Zur Vorbeugung von Tauchunfällen

Aus den angeführten Ursachenbeispielen für Tauchunfälle lassen sich einige Gebote und Beschränkungen ableiten, deren Beachtung die Unfallrisiken erheblich eingrenzen. Einer der wichtigsten Hinweise für Sporttaucher ist, freiwillig darauf zu verzichten, in einem Binnengewässer tiefer als 30–40 Meter zu tauchen! Die totale Dunkelheit in diesen Gewässern in Verbindung mit trübem und eiskaltem Wasser stellt eine dramatische Risikoerhöhung gegenüber dem Abstieg z. B. in einem klaren, hellen und warmen Meer dar! Die höhere psychische Belastung im See wird auch den Tiefenrausch in aller Regel früher eintreten lassen oder den Effekt verstärken.

Weitere unfallvorbeugende Maßnahmen:

- Verzichte auf den Tauchgang, wenn die Umstände dir ein «mulmiges» Gefühl bereiten. Auch wenn du viele Kilometer umsonst gefahren bist. (Deine verantwortungsbewußten Tauchpartner werden diese Entscheidung positiv werten.)
- Tauche nicht allein.
- Tauche mit so wenig Blei am Gürtel wie möglich.
- Habe den Mut zum vorzeitigen Beenden eines Tauchgangs bzw. einer Übung, wenn dir die Situation zu kritisch wird.
- Vermeide dekompressionspflichtige Tauchgänge.
- Lege trotzdem einen «Sicherheitsstopp» von mindestens 1 min in 3 m Tiefe ein.

Als Sporttaucher sollte man eine gute Kondition besitzen. Eine gute körperliche Verfassung macht das Tauchen sicherer. Dies betrifft unter anderem das Schwimmen und Tauchen gegen die Strömung. Im übrigen wirkt sich eine gute Kondition positiv auf das Selbstvertrauen im Wasser aus.

Maßnahmen bei Unfällen

Kommt es dennoch zu einem Unfall, dann können die Tauchpartner entscheidend zur Rettung und Minderung der Folgen beitragen.
Als Taucher sollte man die Telefonnummern und Anschriften der nächsten Druckkammer und des/der Rettungsdienste notiert haben.
In speziellen Kursen haben heute alle Taucher die Möglichkeit, folgende Maßnahmen zu erlernen und zu üben:
Hochbringen eines verunfallten Tauchers, Schleppen, eventuell Beatmen an der Oberfläche, den Verunglückten die Boots-Taucherleiter hinauftragen, Transport aus dem Wasser bis ans Ufer, stabile Seitenlage, Erkennen des Funktionierens/Nichtfunktionierens von Atmung und Kreislauf, Schutz vor weiterer Unterkühlung, Beatmung mit Sauerstoff, weitere Reanimationsmaßnahmen (Mund-zu-Mund-Beatmung, Herzmassage).
Klar muß man sich darüber sein, daß ein einmaliger Kurs nicht ausreichen wird. Die oben angeführten Hilfen sollten mindestens einmal im Jahr wiederholt geübt werden.
Wichtig bei Dekompressionsunfällen: Alle bekannten Daten notieren für die spätere Behandlung durch den Taucherarzt in der Druckkammer. Hat der Verunglückte einen Tauchcomputer mit «Logbuchfunktion» benutzt, dann soll dieser ebenfalls dem Taucherarzt übergeben werden.

So verhalten Sie sich richtig

Um eine wünschenswerte Sicherheit im Tauchen mit Gerät im freien Wasser zu erlangen, bedarf es einer längeren Trainingszeit, in der wichtige Fähigkeiten erlernt und Erfahrungen erworben werden.
In der ersten Zeit des Freiwassertauchens sollten richtiges Verhalten vermittelt und spezielle Übungen durchgeführt werden. Zu den Aufgaben des jeweiligen Tauchausbilders gehören:

1. Der Taucher ist zur Verantwortlichkeit gegenüber dem Tauchpartner zu erziehen. Das betrifft z. B. die ständige Beobachtung (Blickkontakt) der Mittauchenden. Auch sollte kein Partner überfordert werden, etwa durch zu große Schnorchelstrecken, zu große Tiefen, extreme Dunkelheit, starke Strömung usw. Erlernen läßt sich auch das Erkennen der Überforderung eines Mittauchers.
2. Der Taucher sollte lernen, sich den unterschiedlichen Situationen entsprechend zu verhalten. Gekonntes Bewegen z. B. über Schlammgrund, in Wracks und Höhlen ist eine Fertigkeit, die jeder Taucher erwerben sollte, wenn er als Tauchpartner akzeptiert werden möchte.
3. Taucher sollten lernen, innerhalb einer Gruppe zusammenzubleiben. Davon hängt unter anderem auch der gelungene Abstieg einer Gruppe auf größere Tiefe ab. Das Abtauchen ist der Start zu einem Tauchgang. Kommt es dabei zu einem «Fehlstart», dann sind Tauchzeit und Druckluft vertan. Anlaß zu einem mißglückten Start können sein: Druckausgleichsschwierigkeiten eines Teilnehmers, sehr oft auch das Wegdriften und Aus-den-Augen-Verlieren der Taucher bei schlechter Sicht.

Beim Abstieg einer größeren Gruppe ist ein gelungener Druckausgleich besonders wichtig. Deshalb muß der Taucher lernen, diesen Ausgleich rechtzeitig und in geringen Abständen durchzuführen. Wartet er dagegen bis zu den ersten Schmerzsignalen, dann gelingt der Ausgleich manchmal nicht mehr. Ursache: Die Schleimhäute der Eustachischen Röhre haben sich zusammengeschoben, bzw. es haben sich dort Schleimpfropfen festgesetzt. In solchem Fall hilft nur höher- oder aufzutauchen. Wird aufgetaucht, dann sollte man die Maske kurz vom Gesicht abheben und die Nase «freischneuzen».
Genauso wichtig für das gemeinsame Abtauchen ist: an der Oberfläche Jacket/Weste entleeren, ausatmen. So kommt man auch «fußabwärts» schnell auf 1 bis 2 Meter Tiefe. Hier wird kurz ein- und gleich wieder ausgeatmet, bis man in 3–4 Meter Tiefe auf normale Atmung «umschaltet». In dieser Tiefe wird gestoppt, bis alle Teilnehmer zusammen sind. Nach dem Austausch der O. K.-Zeichen geht der Abstieg weiter.
Ist das Wasser klar und soll das Abtauchen schnell gehen, dann taucht man kopfüber ab. Bei schlechter Sicht, vor allem, wenn mehr als zwei Taucher beteiligt

sind, ist das Absinken mit den Flossen voran die sicherste und gleichzeitig angenehmste Methode. Dabei läßt sich auch die Sinkgeschwindigkeit sehr gut beeinflussen. Beschleunigend wirken Ausatmung und «schlanke» Körperhaltung, d. h., die Arme werden angelegt und die Flossen so weit wie möglich senkrecht gestellt. Bremsend wirken die Einatmung, ausgebreitete Arme und waagerecht gestellte Flossen. Stoppen kann man blitzschnell durch Flossenschlag und/oder Betätigen des Inflators für Jacket oder Weste.

Jacket bzw. Weste sind bereits beim Abstieg ein wichtiges Hilfsmittel. Mit ihnen gleicht man die durch die Anzugkompression bedingten Volumenverluste aus und vermeidet so das nicht ungefährliche «Stürzen» in größere Tiefe und bei Dunkelheit.
Wenn es, z. B. bei bestimmten Übungen, nicht vermeidbar ist, daß die Taucher auf dem Grund «landen», dann sollten sie sich einen geeigneten Platz suchen, sich breitbeinig aufsetzen und versuchen, ohne weitere Bewegung stehen zu bleiben. Nur so läßt sich vermeiden, daß man bei schlammigem Untergrund in wenigen Sekunden von aufgewühltem Sand eingehüllt ist. Bei dem anschließenden Tauchgang bewegen sich die Taucher etwa 1 m über dem Grund, um das Aufwirbeln von Sedimenten zu vermeiden.

Übungen im freien Wasser

Während oder zum Abschluß des Tauchens läßt sich in meist relativ kurzer Zeit eine der hier vorgestellten Übungen durchführen. Die dabei gewählte Tiefe ist von den Bedingungen abhängig und muß der Entscheidung des Tauchlehrers überlassen bleiben.

Übung 1
Sicheres Auftauchen

Auftauchen ist natürlich keine spezielle Übung. Es findet bei Unterbrechung und am Ende jedes Tauchganges statt. Es sollte aber möglichst in jeder Situation ruhig und kontrolliert erfolgen.
Für den Anfänger ist das langsame Auftauchen unter Einhaltung der maximalen Aufstiegsgeschwindigkeit von 10 m/min gar nicht so einfach. Er muß lernen, immer wieder auf die Instrumente zu schauen und trotzdem das Umfeld und die Tauchpartner im Auge zu behalten. Im Bereich der letzten 10 m ist zusätzlich auf rechtzeitiges Entlüften von Jacket/Weste und auf den Stopp in 3 m Tiefe zu achten. Spätestens ab hier muß die Wasseroberfläche beobachtet und auf Motorbootgeräusche gehört werden.
Im Augenblick des Durchbrechens des Wasserspiegels muß sich der Taucher schnell um die eigene Achse drehen und nach Booten Ausschau halten! Den Abschluß des Auftauchens bildet das O. K.-Zeichen, welches man den Partnern und gegebenenfalls den im Boot wartenden Helfern gibt.

Übung 2
Ohne Maske auftauchen

Bevor diese Übung aus größerer Tiefe unternommen wird, sollte die Reaktion des Tauchschülers auf den Verlust seiner Tauchmaske in geringer Tiefe festgestellt werden. Kommt es dabei zu einer Schreckreaktion, dann ist dies ein Zeichen für noch unzureichende Vertrautheit mit dem Wasser bzw. mit dem Tauchen. Die Unmöglichkeit, scharf zu sehen, sowie die Wasserkälte oder auch der Salzgehalt des Wassers sind die Schwierigkeiten bei diesem Training. Wer ohne Maske auftaucht, hat nur geringe Möglichkeiten, Auftauchgeschwindigkeit und Standort zu kontrollieren. Die sich verändernde Helligkeit kann ein Hinweis sein.
Interessant ist, daß viele Taucher nach dem Abnehmen der Maske einen zu schwachen, fast apathisch wirkenden Flossenschlag vorlegen. Der Begleiter muß dann eingreifen und durch Körpersignale (Stoß gegen die Beine) zum Beschleunigen auffordern. Erkennt man starke Unsicherheit beim Tauchschüler, dann bricht man die Übung durch Wiederanlegen der Maske ab oder stellt Handkontakt her und führt den Übenden an die Wasseroberfläche.

Übung 3
Gerät und Blei ablegen und auftauchen

Dieses Training in geringer Tiefe sollte öfter durchgeführt werden. Selbst in Notfällen trennen sich manche Taucher nicht oder zu spät z. B. von ihrem Bleigürtel! Es geht dabei auch um die erlernbare Schnelligkeit. Einen Bleigürtel kann man in ein bis zwei, ein Tauchgerät ohne weiteres in zehn Sekunden ablegen. Die abgelegten Ausrüstungen müssen durch andere Taucher oder durch Bojenleinen gesichert werden.
Wird auch der Bleigürtel abgelegt, dann kommt es auf den letzten Metern durch den zunehmenden Auftrieb zu einer deutlichen Geschwindigkeitserhöhung. Daraus folgt für den Übenden, daß an eine forcierte Abatmung der sich ausdehnenden Lungenluft zu denken ist und daß diese Übung *nicht* zum Schluß eines Tauchgangs gemacht werden sollte, der an die Nullzeitgrenze führte. Der beschleunigte Aufstieg könnte als Initialzündung für einen Dekounfall wirken.

Übung 4
Umgang mit Jacket oder Taucherweste

Der Inflator und das automatische Mundstück haben die Handhabung dieser Ausrüstungen entscheidend vereinfacht. Dennoch sind bestimmte Übungen sinnvoll. So sollte das Befüllen des Westenkörpers nicht immer mittels Inflator, sondern gelegentlich auch mit der Lungenluft über das Mundstück erfolgen!
Gute Übungen sind «Schweben in 2–3 Meter Tiefe» und der «geschwindigkeitskontrollierte Aufstieg ohne Flossenbenutzung».
Beim «Schweben» sind die Grundtarierung (Tauchanzug und Bleigürtel) und die

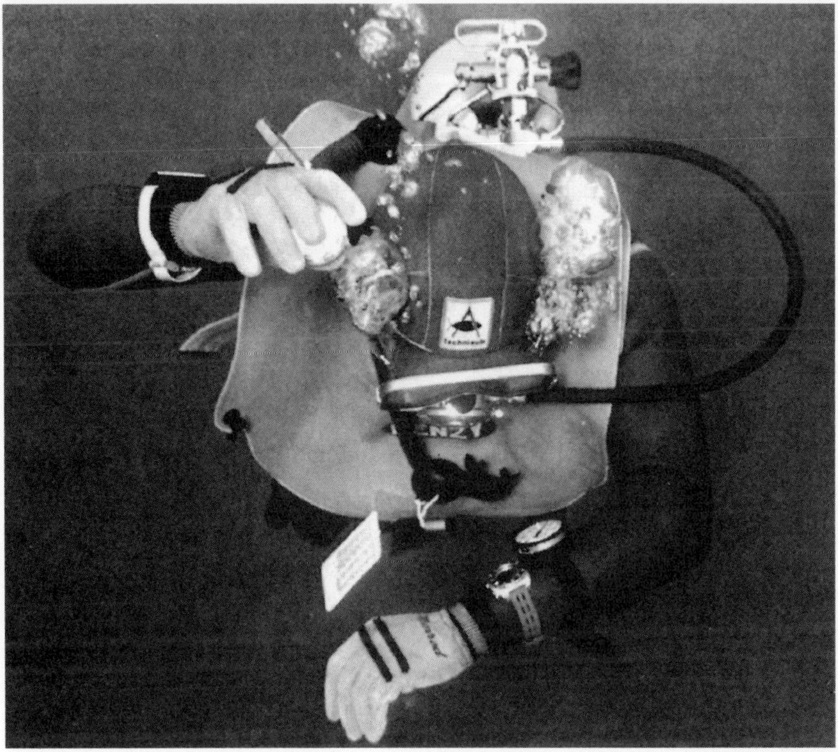

gefühlvolle Luftzufuhr in die Weste in Verbindung mit der Lungenfeintarierung die Kriterien. Beim «Aufstieg ohne Flossenbenutzung» z. B. aus 20–30 Meter Tiefe sind entscheidend: gezielte Westenbefüllung für den Start, Nutzung der Lungentarierung, laufende Tiefenkontrolle *und* dosierte Entleerung des Auftriebskörpers über den gesamten Aufstieg und vor allem von 10–0 Meter!

Übung 5
Wechselatmung unter Wasser

Es kommt außerordentlich selten vor, daß die Luftversorgung durch einen technischen Defekt des Reglers oder durch Luftmangel ausfällt. Dennoch sollte man diesen Fall immer wieder üben, zumal dieses Training mit minimalem Aufwand möglich ist.

Die *Wechselatmung* unter Wasser, also das Hin- und Herreichen des einzigen funktionierenden Lungenautomaten zwischen zwei Tauchern, erfordert Übung in folgenden Punkten: Koordination von Ausblasen des gereichten Mundstücks,

Atmung (maximal zwei Atemzüge), Zurückgeben usw., Beobachten des Partners und des Umfeldes, Tauchen in eine bestimmte Richtung und Einhaltung einer bestimmten Auftauchgeschwindigkeit während der Atmung. Wichtig ist die richtige Tarierung beider Taucher!
Aber auch das Atmen aus dem *Zweitautomaten* ist ungewohnt. Die Form der zweiten Stufe, das Handling, der Sitz des Mundstücks und der Atemwiderstand können gewöhnungsbedürftig sein. Deshalb ist es richtig, auch diese Übungen gelegentlich durchzuführen. Dabei sollten die Schwerpunkte auf die Zurücklegung bestimmter Strecken, Richtungseinhaltung, Einhaltung der Auftauchgeschwindigkeit und von simulierten Dekostops gelegt werden.

Übung 6
Finden und Bergen eines Gegenstandes
Etwas wiederzufinden und zu bergen kann durchaus eine anspruchsvolle Übung für eine Tauchgruppe sein. Die möglichst gut vorbereitete und systematisch durchgeführte Suche, das Markieren des gefundenen Objekts, bei schweren Gegenständen das Befestigen von Auftriebskörpern, die Wahl der geeigneten Leinen und Knoten, das Herausdrücken des Wassers aus dem Auftriebskörper mittels Druckluft: dies alles sind Tätigkeiten, die viel mehr Zeit beanspruchen, als man vorher glaubt. Umsicht, Geschicklichkeit und Erfahrung sind von entscheidender Bedeutung. Gelingt die Bergung, dann wird das Ganze zu einem wirklichen Erfolgserlebnis!

Übung 7
Bergung eines «verunglückten» Tauchers
Diese Übung sollte folgende Elemente enthalten und kann wie folgt variiert werden:
- Bergung eines «bewußtlosen» Gerätetauchers durch einen Schnorcheltaucher aus etwa 5 m Tiefe (alternativ: Bergung durch einen Gerätetaucher aus 10 bis 20 Meter Tiefe)
- beim Hochbringen auf überstreckten Kopf und Ausatmung des «Opfers» achten
- an der Oberfläche dem «Verunglückten» den Bleigürtel, eventuell auch das DTG abnehmen (DTG *nicht* abnehmen, wenn dieses mit einem Jacket kombiniert und Schleppen an der Oberfläche geplant ist!)
- ca. 100 m an der Oberfläche schleppen und/oder Bergung ins Schlauchboot/den «Verunfallten» eine Taucherleiter hochtragen.

Das Abnehmen von Blei und Gerät durch Helfer z. B. ist eine wichtige Übung. Diese dauert oft länger als gedacht, wenn Gischt und Wellengang das Erkennen der richtigen Verschlüsse und Gurte erschweren!
Solche Bergungsübungen haben inzwischen einen recht hohen Stellenwert. Alle

maßgeblichen Tauchsportverbände führen heute «Tauchsicherheitsseminare» am Meer durch. Dort werden Bergungen, das Verbringen ins Schlauchboot, das Hochbringen über die Taucherleiter und die Reanimation an Bord bzw. an Land geübt. Die Teilnahme an solchen Seminaren ist z. T. Voraussetzung für die Erlangung bestimmter Brevets und Tauchsportabzeichen.

Übung 8
Gruppenführung

Das Führen einer Tauchgruppe läßt sich nicht an einem Wochenende erlernen bzw. perfektionieren. Aber jeder praxiserfahrene Taucher kann in die Situation kommen, eine Gruppe führen zu sollen. Neben der dabei gesammelten Erfahrung gewinnt der damit betraute Taucher auch die Einsicht, daß beim Tauchen innerhalb der Gruppe eine gewisse Disziplin notwendig ist.
Die Leitung eines Tauchgangs beginnt mit dem Checken der Ausrüstung aller Teilnehmer und mit dem «Briefing». In dieser Absprache, die sich auf das Wesentliche beschränken sollte, wird die Gruppeneinteilung vorgenommen und der geplante Tauchgang durchgesprochen. Dazu gehören u. a.: voraussichtliche Dauer und Tiefe, Durchführung bestimmter Übungen, Verhalten bei Zwischen-

Aufstieg zum Boot

fällen. Nach dem Start bestimmt der Gruppenleiter den Zeitpunkt des Abtauchens, überwacht den Zusammenhalt der Gruppe, beobachtet jeden Teilnehmer, kontrolliert Tiefe, Tauchzeit, Richtung, gibt das Signal zum Auftauchen und veranlaßt den Sicherheitsstopp in 3 m Tiefe bzw. eventuell notwendig gewordene Dekopausen.
Nach dem Tauchen führt der Gruppenleiter ein abschließendes Gespräch mit positiver und negativer Kritik.

Denken Sie an die Umwelt

Tauchen wird, wie andere Sportarten auch, zunehmend unter dem Aspekt der damit verbundenen Umwelteinflüsse betrachtet. Dies gilt jedenfalls dort, wo relativ viele Taucher in eingegrenzten Gebieten auftreten (Binnenseen, bestimmte Korallenriffe). Im Interesse aller Sporttaucher und zur Vermeidung von Verboten sollten sich Taucher an bestimmte Regeln halten.

Binnenseen

Vorhandene Einstiegsmöglichkeiten wie Badestege oder Bootsanleger sollten unbedingt genutzt werden. (Die links und rechts davon befindlichen Uferstreifen sind oft Brut-, Nist- und Versteckgebiet zahlreicher Wasservögel und Fische.) Die richtige Tarierung ist besonders wichtig. Getaucht werden soll so, daß man ca. 1 m über dem Grund schwebt. Wird darauf nicht geachtet und werden mit den Flossen die Bodensedimente aufgewirbelt, dann ist die damit verbundene Sichtverschlechterung an sich schon ärgerlich genug. Schlimmer sind aber die Folgen für das Ökosystem. Die aufgewirbelten Sedimente setzen sich auf den Wasserpflanzen ab und verringern so den Zutritt des Sonnenlichtes zur Blattoberfläche. Gleichzeitig kommt es zu einer Nährstofffreisetzung, die u. U. eine Verschiebung des ökologischen Gleichgewichts bedeuten kann. Aufgewirbelte Sedimente, die sich auf *Laich* absetzen, können diesen durch bakterielle Fäulnisprozesse zerstören. Speziell im Winter gilt, die im Winterschlaf befindlichen Fische auf dem Seegrund nicht zu stören, da durch Schock und Flucht ein Energieverlust eintritt, den die Fische in dieser Phase nicht verkraften können.

Korallenriffe

Korallen sind komplizierte Ökosysteme aus lebenden Tieren und Pflanzen, deren Entstehung Hunderte von Jahren gedauert hat. Diese Systeme sind gegen Störungen und Verschmutzungen äußerst empfindlich. Sporttaucher, die sich in solche Naturwunder begeben, sollten sich entsprechend rücksichtsvoll verhalten!

Folgende Regeln und Hinweise sind zu beachten:

- Boote sollten nach Möglichkeit auf den Riffen nicht ankern! Dadurch werden große Schäden angerichtet. Der richtige Weg sind fest installierte Ankerbojen.
- So austarieren, daß man etwa 1 m über dem Grund bleibt. Mit Gefühl und Umsicht zwischen den Korallen tauchen. Beim Fotografieren nur in Ausnahmefällen «hinstellen» oder «hinknien».
- Nicht an Korallen festhalten! Die meisten Korallenstöcke sind sehr zerbrechlich. Aus gleichem Grund auch nicht bei starker Strömung zwischen Korallen tauchen.
- Besondere Vorsicht bei Nachttauchgängen! Zerstörungen sind im Dunkeln wahrscheinlicher.
  Bestimmte Tiere ziehen sich nachts an geschützte Orte zurück. Durch intensives Blenden mit Scheinwerfern geraten sie möglicherweise in Panik, verletzen sich oder werden gefressen.

Wichtig auch für das Tauchen im Meer, für den Erhalt der Unterwasserwelt und für den Schutz der Tiere ist:
Keine Fische unter Wasser füttern! Die Tiere gewöhnen sich daran, werden aber letztlich dadurch gefährdet. Handelt es sich um Raubfische, dann können auch für den Taucher gefährliche Situationen entstehen.
Dem Meer sollten keine lebenden oder toten Organismen entnommen werden. Dies würde fast immer eine Störung des biologischen Gleichgewichts bedeuten.
Keine «Souvenirs» kaufen oder sammeln, die aus dem Meer kommen! Viele Muscheln und Korallen haben schon Seltenheitswert, weil sie von Händlern in großen Mengen aus dem Meer geholt und an Touristen verkauft wurden (in deren Wohnungen sie dann verstauben).

Wie wird sich das Sporttauchen weiterentwickeln?

Wesentliche Veränderungen hat es im Sporttauchen gegeben und wird es in Zukunft geben durch weitere Entwicklungen der *Tauchausrüstung*. Die Bestrebungen dabei sind: noch mehr Komfort und Sicherheit und das Erreichen noch größerer Wassertiefen.

Die *Flossen* werden weiterhin *das* Antriebsmittel für den Taucher sein. Zwar gibt es schon seit Jahrzehnten «Unterwasserscooter», also elektrisch betriebene und mit Propeller ausgerüstete Zuggeräte für den Taucher, sie konnten sich jedoch nicht durchsetzen. Sie sind teuer, schwer, transportaufwendig, und die Batterien gestatten nur einen begrenzten Aktionsradius.

Bei den *Tauchanzügen* gibt es zumindest in den nordeuropäischen Gewässern unverändert den Trend zum *Trockentauchanzug*. Mittlerweile gibt es Fabrikate, die bezüglich Tragekomfort und Bewegungsfreiheit einem Naßtauchanzug nur noch wenig nachstehen.

Bei den *Tauchmasken* wird die *Vollgesichtsmaske* längerfristig wahrscheinlich die bisher dominierende Halbmaske ergänzen. Die Vollgesichtsmaske ermöglicht die Atmung aus dem Tauchgerät auch bei Erschöpfung oder Ohnmacht des Tauchers. Bereits jetzt gibt es auch eine Vollgesichtsmaske (Fa. Dräger), die durch eine gewölbte Scheibe den Vergrößerungseffekt beseitigt und dadurch gleichzeitig den Sehwinkel des Tauchers vergrößert!

Taucher mit Vollgesichtsmaske mit Panoramascheibe

Die interessantesten Veränderungen wird es sicherlich im Bereich der *Atemgeräte* geben. Die Nachteile der bisher von Sporttauchern fast ausschließlich verwendeten Drucklufttauchgeräte sind klar: Stickstoffnarkose ab 40 m und tiefer, Notwendigkeit von Dekompressionspausen, Gefahr von Dekompressionsunfällen, relativ kurze Tauchdauer durch das «offene» System.
Auch für Sporttaucher könnten daher Geräte aktuell werden, die bestimmte *Atemgasmischungen* in «geschlossenen» Systemen bereitstellen und in denen das mit CO_2 angereicherte Ausatemgas wiederaufbereitet wird. Vorteile solcher Geräte: längere Tauchdauer und, je nach Atemgasmischung, deutlich größere Tauchtiefen bzw. geringere oder keine Dekompressionsprobleme.
Solche Mischgas- oder Sauerstoffkreislaufgeräte gibt es schon lange. Wegen der hohen Fabrikationskosten und der notwendigen Schulung der Benutzer ist die Verwendung bisher weitgehend auf Spezialisten wie Marine- und Off-shore-Taucher beschränkt. Die Zukunft wird zeigen, wie weit eine größere Nachfrage und damit verbundene sinkende Stückkosten den Markt «Sporttauchen» für Hersteller interessant machen können.
Dies gilt auch für das immer wieder ins Gespräch kommende *Sauerstoffkreislaufgerät* (siehe Abbildung Seite 170). Es wurde bereits in den 50er Jahren von Sporttauchern und jahrzehntelang von Marine-Kampfschwimmern verwendet.
Die Vorteile dieses Gerätes: lange Einsatzzeit, keine Geräusche, keine Blasen. Die beiden letzten Faktoren sind wichtige Voraussetzungen für das Gelingen von Unterwasseraufnahmen scheuer bzw. empfindsamer Fauna und Flora. Der Vergleich der maximal möglichen Tauchzeit zwischen einem Sauerstoffkreislaufgerät mit 1,5-Liter-Flasche und einem 10-Liter-Drucklufttauchgerät bei einem Aufenthalt in 10 m Tiefe ergibt für das erstere eine etwa dreimal längere Tauchzeit.
Aber diese Vorteile sind relativ. Das Gerät, sollte es auch für *Sporttaucher* gebaut werden, wird sicher auch das Dreifache und mehr eines DTG kosten. Zudem erfordert Drucksauerstoff einen besonderen Umgang (Brandgefahr). Ein großer Nachteil ist die Gefährdung durch die Toxizität des Sauerstoffs bei Tauchtiefen von mehr als 10 m. Sorgfalt erfordert die Befüllung des Kalkbehälters mit Atemkalk. Disziplin ist notwendig beim Gebrauch des Gerätes. Das «Spülen» des Gerätekreislaufs und das Verschließen des Mundstücks vor dem Herausnehmen im Wasser sind lebenswichtig.

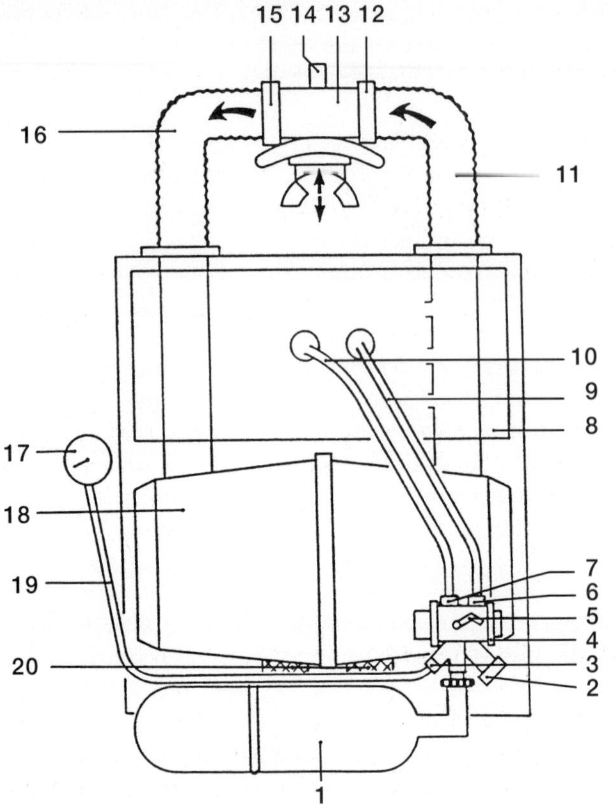

(Quelle: Drägerwerk AG)

Tauchgerät mit geschlossenem Atemkreislauf
Ziel: lange Gebrauchszeit bei kleinstem Gerätevolumen/-gewicht
Prinzip: Auffangen des ausgeatmeten Gases, Aufbereitung, Wiederverwendung
Geräteschema:

1 = O_2-Flasche (1,5 Liter)
2 = Bypassventilkopf
3 = Anschluß für Manometerleitung
4 = Druckminderer
5 = Absperrhebel für Manometerleitung
6 = Anschluß für Vorspül-, Dosierleitung
7 = Anschluß für Lungenautomatenleitung
8 = Atembeutel
9 = Vorspül-, Dosierleitung
10 = Lungenautomat mit Leitung
11 = Einatemschlauch
12 = Einatemventil
13 = Ventilmundstück
14 = Griff für Drehschieber
15 = Ausatemventil
16 = Ausatemschlauch
17 = Manometer
18 = Patronenbehälter mit eingebauter Kalkpatrone
19 = Manometerleitung
20 = Entwässerungsventile

Anwendungsgebiete des Tauchens

Zu Beginn des Sporttauchens in den 40er Jahren stand die Beobachtung, Erkundung und Jagd unter Wasser. Im Laufe der weiteren Verbreitung dieses Sports gab es Spezialisierungen und Entwicklungen zu Aktivitäten, bei denen das Tauchen Mittel zum Zweck wurde.

Tauchen als Wettkampfsport

Dieses Anwendungsgebiet hat naturgemäß in jenen Ländern eine größere Bedeutung, deren Gewässer weniger gut zum Tauchen geeignet sind. Dazu zählt auch die Bundesrepublik Deutschland. Als Motivation für das wettkampfmäßige Betreiben des Tauchens nennen die Aktiven die Freude am Wettkampf, verbunden mit dem Wunsch, sich fit zu halten. Die Wettbewerbe werden in Deutschland von den dem VDST (Verband Deutscher Sporttaucher) angehörenden Clubs und/oder von der Sachabteilung des Verbands organisiert. Durchgeführt werden die Wettkämpfe sowohl in der Schwimmhalle (Hallendisziplinen) als auch im Meer oder in Seen (Freiwasserdisziplinen).

Hallendisziplinen nach den Internationalen Wettkampfregeln der CMAS (Damen und Herren)

Über folgende Strecken können Welt- oder Kontinentalrekorde aufgestellt werden:

Flossenschwimmen an der Wasseroberfläche
100 m, 200 m, 400 m, 800 m, 1500 m, 1850 m
Staffel 4 x 100 m, Staffel 4 x 200 m

Streckentauchen mit angehaltenem Atem (ST)
50 m

Streckentauchen mit Drucklufttauchgerät
100 m, 400 m, 800 m

In der Halle wird auch das Wettkampfspiel *Unterwasser-Rugby* durchgeführt. Hierbei treten nach festgelegten Regeln zwei Mannschaften von je sechs Spielern gegeneinander an, überwacht von mit Drucklufttauchgerät ausgerüsteten Schiedsrichtern. Gekämpft wird, mit angehaltenem Atem (!), um einen wassergefüllten Ball, der ins gegnerische Tor zu bringen ist.

Unterwasser-Rugby ist sicher der einzige Sport, der sich unter körperlichem Einsatz in einem dreidimensionalen Raum abspielt. Taktik, Übersicht und enorme Kondition sind Voraussetzung für Spieler und Mannschaft, um bei Turnieren Erfolge zu erzielen. In diesem Wettkampf werden Deutsche und Internationale Meisterschaften ausgetragen. In Deutschland gibt es sogar eine Bundesliga!

Freiwasserdisziplinen

Im *Flossenschwimmen an der Wasseroberfläche* gibt es Läufe über 6000 m (Damen) und 8000 m (Herren) bis hin zum Europapokal.
Im *Orientierungstauchen* gibt es Einzel- und Mannschaftswertungen. Getaucht wird mit DTG und einem technisch aufwendigen Orientierungsgerät, das aus präzisem Kompaß und Meterzähler, Zeitmesser und Tiefenmesser besteht. Aufgabe ist, in möglichst kurzer Zeit vorgegebene Ziele möglichst genau anzutauchen. Durchgeführt werden Deutsche und Internationale Meisterschaften.

Als Spezialausrüstung werden bei allen Hallendisziplinen und beim Langstreckenschwimmen *Wettkampfflossen* verwendet. Dies sind entweder überlange Flossen aus hochelastischem Kunststoff, die beim Beinschlag durch ihren «Peitscheneffekt» einen stärkeren Vorschub erzeugen, oder die heute überwiegend verwendeten *Monoflossen*.
Hier stecken beide Füße des Tauchers in einer großen Kunststoffflosse. Geschwommen bzw. getaucht wird damit im Delphinstil. Monoflossen ermöglichen die höchsten Geschwindigkeiten.
Spezielle Tauchmasken aus Plexiglas, sehr flach und dem Gesicht des Benutzers angepaßt, verringern den Wasserwiderstand.
Beim Streckentauchen mit Drucklufttauchgerät in der Halle werden Geräte verwendet, die aus einer möglichst kleinen Druckluftflasche mit Einschlauch-Lungenautomaten bestehen. Das Gerät wird dann während des Tauchens in Vorhalte zwischen den Händen gehalten.
Hatten die Tauchsportwettkämpfer in den 60er Jahren noch Mühe, die Zeiten der Weltklasseschwimmer (ohne Flossen) zu erreichen, so haben sich die Relationen in den letzten zwanzig Jahren deutlich zugunsten der Flossenschwimmer verschoben. Dazu einige Beispiele für heute erzielte Zeiten:

100 m Flossenschwimmen:	unter 40 Sekunden
50 m Streckentauchen mit angehaltenem Atem:	um 16 (!) Sekunden
100 m Streckentauchen mit DTG:	unter 40 Sekunden

Traum und Wunsch vieler Wettkämpfer: Aufnahme des Flossenschwimmens in die olympischen Disziplinen!

Unterwasser-Fotografie und -Videofilm

Unterwasser-Fotografie und -Videofilmen heißt fotografieren und filmen unter erschwerten Bedingungen. Man wird deshalb erst dann zu guten Ergebnissen kommen, wenn man die Technik des Tauchens so weit beherrscht, daß man sich völlig auf Kamera und Bildgestaltung konzentrieren kann.
Die sich rapide verändernden Lichtverhältnisse im Wasser können zum Problem werden. Die Streuung des Lichts führt zu kontrastarmen Abbildungen. Das Tageslicht nimmt der Tiefe bzw. der Undurchsichtigkeit entsprechend stark ab. Die warmen Farben Rot und Orange werden bereits nach kurzem Weg durch das Wasser herausgefiltert. Dadurch sieht in größeren Tiefen und in größeren Entfernungen alles blau oder grün aus, obwohl die schönsten Farben vorhanden sein können. Will man diese Farben auf den Film bringen, dann hilft nur der Einsatz von Kunstlicht in der Nähe des Objekts. Dieses darf auch nicht zu weit von der Kamera entfernt sein (= kurzer Lichtweg).

Unterwasser-Fotografie

95 % der Fotos werden heute im Kleinbild-Format (24 x 36 mm) gemacht. Zwei Kamerasysteme haben sich etabliert. Zum einen gibt es die «echten» Unterwasser-Kameras wie Nikonos und Motormarine.
Vorteile: Sie sind leicht und klein (Fluggepäck!), ihr Anschaffungspreis ist relativ günstig, die Nikonos z. B. hat überragend gute Objektive.
Nachteile: Es sind Sucherkameras, die Entfernung muß also geschätzt werden. (Das ist bei Verwendung von Weitwinkelobjektiven und mit etwas Übung nicht schwierig.) Bei Abständen unter einem Meter kann die Parallaxe zum Problem werden. Die unterschiedliche «Sehweise» von Sucher und Objektiv produziert Ausschuß, wenn nicht durch Mitdenken und Training vorgebeugt wird. Die Nikonos ist ein empfindliches Gerät, welches sorgsamen Umgang und Pflege verlangt. Bei Nichtbeachtung kommt es zu teuren Reparaturen.
Zum anderen sind es *Spiegelreflexkameras* in Unterwassergehäusen, die in den letzten Jahren wieder stark im Kommen sind. Grund: Der Taucher kann seine vertraute, meist hochwertige Kamera in einem maßgeschneiderten, professionell hergestellten Gehäuse aus Aluminium oder Kunststoff auch unter Wasser einsetzen!
Vorteile: Die Verwendung (fast) aller Kamerafunktionen wie Spiegelreflex-Bildgestaltung, Autofocus, TTL-Belichtungsmessung und der Einsatz verschiedener Objektive bis hin zu Zoom und Makro. Sie besitzen die Vorteile der motorgetriebenen Kamera.
Nachteile: Größe und Gewicht z. B. im Vergleich zur Nikonos, bei Gehäusen mit

Planscheiben sind Weitwinkelobjektive nur bis maximal 28 mm einsetzbar. Darunter gibt es Probleme durch Randverzerrungen und Farbsäume. Extremere Weitwinkel bedingen den Einsatz teurer Domscheiben (das sind für das jeweilige Objektiv berechnete halbkugelförmige Gläser). Der Einsatz veschiedener Objektive setzt u. U. die Anschaffung unterschiedlicher «Frontports» voraus (das sind dem jeweiligen Objektiv angepaßte Vorderteile des Gehäuses). Ein teures Kamerasystem *und* ein teures Unterwassergehäuse machen u. U. eine Investition von mehreren tausend Mark notwendig!

Eine Besonderheit in jeder Beziehung ist die 1992 auf den Markt gekommene Nikonos RS, die erste «echte» Spiegelreflex-Unterwasserkamera der Welt. Ausgestattet mit Motorantrieb, Autofocus, TTL und Wechselobjektiven, ist sie zudem auch vom Design her ein Genuß. In Größe und Gewicht jedoch kommt sie schon in den Bereich einer Kamera mit UW-Gehäuse. Der Preis für diese Kamera, inklusive dem adäquaten Blitzgerät, liegt im Bereich von DM 15 000 und höher. Gut beraten ist, wer da rechtzeitig an die entsprechenden Kosten für Wartung und Reparatur denkt.

Objektive: Die geringe Durchsichtigkeit von Wasser und die Vorteile von kurzen Lichtwegen haben das *Weitwinkelobjektiv* zum Standard unter Wasser werden lassen. Die kurzen Objektabstände ermöglichen brillante, kontrastreiche und farbintensive Aufnahmen. Vielfach sind extreme Weitwinkel von 15 mm im Gebrauch, die allerdings auch ein entsprechendes Gespür und Training verlangen. Normale und leichte Teleobjektive z. B. für Fischaufnahmen sowie Makroobjektive für den hochinteressanten Nahbereich zählen unter Wasser eher zu den Spezialobjektiven. Durch den Kauf hochwertiger Kameras mit Autofocus in Gehäusen werden aber solche Optiken zunehmend eingesetzt.

Beleuchtung: Die bereits beschriebene Filterwirkung bei längeren Lichtwegen macht den Einsatz einer Kunstlichtquelle notwendig. Im Regelfall wird ein Elektronenblitz verwendet. Überwiegend ist ein *Amphibienblitz* mit der Kamera verbunden. Das ist ein nur für den Unterwassereinsatz konstruierter Elektronenblitz. Seine Vorzüge: Das fast immer röhrenförmige Gehäuse widersteht hohem Wasserdruck, die Lichtleistung ist hoch, die Blitzfolgezeit kurz, die TTL-Messung kann für alle gängigen Kameras bestellt werden, für manuelle Einstellungen kann man während des Tauchens verschiedene Leistungsstufen einstellen, im Blitzreflektor ist ein Pilotlicht eingebaut. Die Farbtemperatur des Blitzes ist meist etwas niedriger eingestellt als bei normalen E-Blitzen. Dadurch wirkt man der Blau/Grün-Filterwirkung des Wassers etwas entgegen. Amphibienblitze haben meist einen großen Abstrahlwinkel. Dies ist wichtig bei Verwendung von Weitwinkelobjektiven und hilfreich auch beim Einsatz anderer Objektive. So braucht die Parallaxe zwischen Blitz und Kamera nicht sehr genau eingestellt werden. Das spart Filmmaterial. Zunehmend werden *Systemblitze* in Unterwassergehäusen für die UW-Fotografie eingesetzt. Solche E-Blitzgeräte, z. B. von

Kleinbild-Unterwasserkamera SX-1000 von SEA & SEA
Dieses System wurde in umgekehrter Reihenfolge entwickelt. Zunächst wurde ein möglichst optimales Gehäuse gebaut. Dann suchte man die geeignete Kamera dazu. Die technischen Möglichkeiten:
- es sind verschiedene Objektive von extremem Weitwinkel bis Tele einsetzbar
- der Reflexsucher ist auch mit Tauchmaske voll sichtbar
- TTL-Blitzsteuerung
- Belichtungsmeßanzeige
- automatisch funktionieren: Filmeinspulung, -transport und -rückspulung
- Sucherbeleuchtung

Canon, Minolta, Nikon und Pentax, sind für das jeweilige Kamerasystem konzipiert und ermöglichen Blitzsteuerungen und -belichtungen, wie sie so mit dem Amphibienblitz nicht möglich sind. Außerdem kann hier ein höherwertiges Blitzgerät sowohl über wie auch unter Wasser verwendet werden!
Sklavenblitze sind über Kabel oder über Sensor gezündete Elektronenblitze. Diese zusätzlichen Geräte werden vom Blitz an der Kamera ausgelöst. Sie bewirken interessante Effekte und verkürzen u. U. die Lichtwege, so daß warme Farben besser wiedergegeben werden.
Gelegentlich werden Farbfilter vor die Elektronenblitze gesteckt, um bestimmte Wirkungen zu erzielen. Gut ist, wenn man einen sehr hellen Orangefilter vor-

schalten kann. Dadurch lassen sich bei Aufnahmen von Schwimmern und Tauchern deren Hauttöne wesentlich besser wiedergeben.
Halogenlicht statt Blitzlicht ist eine noch wenig genutzte Alternative. Sie ist durch die ständig besser werdenden hochempfindlichen Filme durchaus interessant. Immerhin gibt es in Verbindung mit einer Spiegelreflexkamera die Möglichkeit, auf dem Sucherbild die spätere (Farb-)Bildwirkung in etwa zu beurteilen. Gut geeignet sind für diese Beleuchtungsart die modernen Hochleistungs-Kaltlichtstrahler. Allerdings ist eine Lichtleistung von insgesamt 200 Watt bei Einsatz von 200- oder 400-ASA-Filmen das Minimum.
Filmmaterial: Im Gegensatz zur «Landfotografie» werden unter Wasser überwiegend Diafilme eingesetzt. Dies hat verschiedene Gründe. Wer teure Gerätschaften einsetzt, möchte meist gern mehr aus seinen Bildern machen, möchte sie veröffentlichen, vergrößern, in Diashows präsentieren.
So ist der 100-ASA-Diafilm das meistverwendete Material geworden. Es ermöglicht feinkörnige, brillante und farbintensive Aufnahmen. Daneben werden 50-ASA-Filme mit enormer Vergrößerungsmöglichkeit wie auch 200- und 400-ASA-Materialien für schwierige Lichtsituationen eingesetzt.
Nicht uninteressant ist die Möglichkeit, Diafilme unterzubelichten und bei der späteren Entwicklung zu «pushen». Vorteile: «Lichtgewinn» in Grenzsituationen oder größere Tiefenschärfe durch kleinere Blende, höherer Kontrastumfang durch die forcierte Entwicklung, was bei UW-Aufnahmen den Kontrastverlust ausgleichen kann. Nachteile: etwas gröberes Korn, u. U. zu hoher Kontrastumfang bei geblitzten Bildern im Nahbereich, höhere Kosten für die Entwicklung.
Präsentation: Diapräsentation mittels hochwertiger Karussellprojektoren, als Steigerung in Überblendtechnik mit zwei und mehr Geräten gleichzeitig, mit Sprache und Musik, computergesteuert. Dies sind eindeutig die Möglichkeiten, «mehr» aus seinen UW-Dias zu machen. Und für viele Fotografen Grund genug, nicht auf *Videofilm* zu wechseln!

Unterwasser-Videofilm

Fotografie und Film kann man nicht miteinander vergleichen. Es sind zwei völlig verschiedene Dinge. Keinen Zweifel gibt es daran, daß ein gut gemachter Film in seiner Wirkung faszinierend ist, auch und erst recht als Unterwasser-Film! Deshalb wird seit Jahrzehnten unter Wasser auch gefilmt.
Allerdings hat sich auf diesem Gebiet ein enormer Wandel vollzogen. Bis in die 80er Jahre wurde im Amateurbereich noch auf «richtigen» 8 mm- bzw. Super-8-Film belichtet. Dieser Bereich ist heute «tot». Zu teuer war das Material, zu wenig befriedigend die Qualität.
Heute wird sowohl über wie unter Wasser mit Video gefilmt. Die Möglichkeiten sind faszinierend. Hohe «Lichtempfindlichkeit», Zoomobjektive mit weiten Bereichen bzw. Weitwinkel- und Televorsätze, wiederverwendbare und damit preis-

günstige Kassetten sind wichtige Argumente. Ständig gibt es Weiterentwicklungen und Qualitätssteigerungen. «Video 8» und «VHS» wurden überrundet von «Hi-8» und «SVHS».
Die «Restlichteignung» der Videokamera macht diese ideal für den Unterwassereinsatz. Für viele Videokameras (Camcorder) gibt es passende UW-Gehäuse. So läßt sich der teure Camcorder über wie unter Wasser einsetzen. Die Gehäuse sind aus Kunststoff oder Aluminium. Für eine ruhige, effektvolle Kameraführung sollte das Gehäuse mit Stabilisierungsflügeln ausgerüstet werden. Dazu kommen ein oder zwei Halogenstrahler von insgesamt 100, maximal 200 Watt Leistung. Inklusive Beleuchtungseinrichtung wiegt die Anlage rund 8–12 kg über Wasser.
Präsentation: Eine aufwendige Technik für das «Danach» gibt es inzwischen im Videobereich. «Schneiden», Vertonen, Nachbearbeiten, Tricksimulationen über PC sind möglich und werden zunehmend genutzt.

Ob UW-Fotografie oder -Videofilm, trotz perfekter Technik hängen die Ergebnisse letztlich von den Fähigkeiten des Kamerabedieners ab. Ständiges Training ist wichtig, auch über Wasser. Denn vieles, was dort Erkenntnisse bringt, hilft auch unter Wasser weiter. Auch in der Schwimmhalle üben! Unterlaufen einem grundsätzliche Fehler, dann treten die auch dort auf! Das flache Wasser der Halle ist zudem meist ein besserer Dichtigkeitstest für Gehäuse als tiefes Wasser! Am Anfang der «Laufbahn» als Fotograf oder Filmer Notizen über Kameraeinstellungen und Situationen machen, um Fehler schneller auszumerzen.

Unterwasserarchäologie

Die Unterwasserarchäologie hat in den letzten dreißig bis vierzig Jahren z. T. aufsehenerregende Erfolge erzielen können – zumindest außerhalb von Deutschland. Die Entwicklung des Schwimmtauchens (= Tauchen mit leichten autonomen Drucklufttauchgeräten) hat einen maßgeblichen Anteil daran.
Sehr oft geht es um die Entdeckung gesunkener Schiffe, die älter als 200 Jahre sind. Aber auch Pfahlbauten, versunkene Wohnstätten und anderes vorgeschichtliches Kulturgut stellen wichtige Entdeckungen dar. All diese Objekte sind Zeugen vergangener Epochen und für die Wissenschaftler von unschätzbarem Wert. Im salzarmen Wasser der Ostsee z. B. haben sich historisch bedeutende Schiffswracks weit besser erhalten als in der Nordsee und in anderen Meeren. Oft sind solche Fundstellen über Hunderte von Jahren unentdeckt und damit weitgehend unverändert geblieben. Dies gilt zumindest für Fundstücke, die mit Sand oder Schlamm bedeckt waren und dadurch hervorragend konserviert wurden.
Werkzeuge der Archäologen unter Wasser sind Kamera, Maßband, Zeichentafel

sowie Spül- und Saugeinrichtungen, mit denen der Mantel aus Sand und Schlamm abgetragen werden kann. Die Tätigkeit an einem einzigen Wrack kann sich unter Wasser, und nach der Hebung auch über Wasser, über viele Jahre hinziehen. So gut die Fundstücke im Wasser auch konserviert waren, über Wasser beginnt durch die sauerstoffhaltige Luft sehr schnell ein Verfallprozeß. Dieser führt zur Zerstörung der Relikte, wenn nicht umgehend und durch Fachleute eine ganz spezielle Konservierung vorgenommen wird!
Während in den meisten europäischen Ländern erhebliche Anstrengungen auf dem Gebiet der Unterwasserarchäologie im Gange sind, besteht in Deutschland offensichtlich noch Handlungsbedarf. Im Sommer 1993 hat der Verband der Landesarchäologen eine Kommission für Unterwasserarchäologie gebildet. Es wäre wünschenswert, wenn diese Gründung sich als Initialzündung auf diesem Gebiet erweisen würde.
Was sollten *Sporttaucher* beachten!? Nicht selten werden archäologische Kostbarkeiten von Sporttauchern entdeckt, auch wenn sie gar nicht gezielt danach suchen. Gelegentlich lassen sich Sporttaucher in einer solchen Situation, auch in Unkenntnis der rechtlichen Lage, dazu verleiten, Gegenstände zu bergen und mit nach Hause zu nehmen. Solche Funde müssen jedoch unbedingt den zuständigen Denkmalschutzbehörden gemeldet werden. (In Deutschland greifen die Denkmalschutzgesetze der einzelnen Bundesländer.)
Andere Länder haben in den letzten zwei Jahrzehnten scharfe Bestimmungen zum Schutz historischer Gegenstände erlassen. Plünderungen werden teilweise sehr hart bestraft. In Mittelmeerländern wurden Sporttaucher, die etwa 2000 Jahre alte römische Amphoren unter Wasser gefunden und geborgen hatten, zu Gefängnis verurteilt. Zusätzlich wurden ihre Kraftfahrzeuge und ihre Tauchausrüstung beschlagnahmt!

Forschungstauchen

Forschungstauchen, als inzwischen bewährte Methode der Meeresforschung, brachte insbesondere den Biologen und Geologen eine beachtliche Erweiterung ihrer Tätigkeiten. Gerade das Schwimmtauchen, also das Tauchen mit leichten autonomen Drucklufttauchgeräten, ermöglichte den Wissenschaftlern die so wichtige eigene Beobachtung unter Wasser.
In den 60er Jahren entwickelte sich das Forschungstauchen in Deutschland aufgrund der Initiative der Wissenschaftler bzw. einiger Lehranstalten. Offiziell gegründet wurde die Forschungstaucherei in Deutschland im Dezember 1970. Anerkannte Ausbildungsstätten für Forschungstaucher sind u. a. das Geologisch-Paläontologische Institut der Christian-Albrechts-Universität zu Kiel, die

Biologische Anstalt auf Helgoland, die GKSS in Geesthacht, die Universität in München und die Universität in Rostock. Gegenwärtig gibt es in Deutschland an über 20 wissenschaftlichen Instituten Forschungstauchergruppen (Stand 1994). Die Ausbildung zum Forschungstaucher läuft z. B. in Kiel wie folgt ab: In einem zweigeteilten Kompaktkurs mit einer Gesamtdauer von acht Wochen werden in den Semesterferien insgesamt 12 Kursteilnehmer verschiedener meereskundlich aktiver Universitätsinstitute ausgebildet und von der Prüfungskommission für Forschungstaucher geprüft. Dabei wurden (Stand 1993) in 18 solcher Kurse bisher über 200 Forschungstaucher ausgebildet und geprüft. Die Zahl der in Deutschland bis Ende 1993 staatlich examinierten Forschungstaucher beträgt über 1000. Die Ausbildung selbst ist umfassend und gründlich.
Um Unfälle beim praktischen Einsatz soweit wie möglich auszuschließen, wird der Tauchabstieg im Gegensatz zum «freien Sporttauchen» anders organisiert. Der Taucher ist mittels Leine mit einem Signalmann verbunden. Zusätzlich steht ein Reservetaucher bereit!
Arbeitsgebiete der «Biologie» sind: gezielte und ungestörte Entnahme von Bodenproben, Kartierung des Bodens im Hinblick auf Ausdehnung und Dichte von Siedlungsgemeinschaften, wissenschaftliche Beobachtung der Flora und Fauna.
Forschungsbereiche der «Geologie» sind: Messungen von Höhenveränderungen des Meeresbodens (hervorgerufen durch Sandwanderungen), die sedimentologische Kartierung, gezielte Probenahmen sowie die Entwicklung von Meßsonden.

Militärisches Tauchen

Vom Beginn des Sporttauchens bis zum Einsatz von Soldaten, ausgerüstet mit Flossen, Maske und Atemgerät, gegen feindliche Objekte war es nur ein kurzer Weg. So wurden bereits im Zweiten Weltkrieg von mehreren Nationen Kampfschwimmer auf feindliche Schiffe und Unterwassersperren angesetzt.
Verschiedene Laufbahnen mit unterschiedlichen Aufgaben stehen geeigneten Marinesoldaten in der Bundesrepublik offen. Der *Schwimmtaucher* ist ein «schiffstechnischer Taucher». Er ist meist in «Zweitverwendung» an Bord eines Schiffes und nimmt dort Aufgaben im Bereich der Schiffssicherung wahr bzw. nimmt Routineuntersuchungen vor. Seine Ausrüstung besteht u. a. aus Drucklufttauchgerät und Neoprenanzug.
Eine andere Möglichkeit ist die Ausbildung zum *Minentaucher*. Dessen defensive Aufgabe besteht im Lokalisieren, Identifizieren, Bergen und Vernichten von Explosivstoffen aller Art. Hierin leistet der Minentaucher auch Amtshilfe an Polizei und Feuerwehr. Seine Ausrüstung, die insgesamt *antimagnetisch* ist, besteht u. a. aus Neopren- oder Konstantvolumenanzug und geräuscharmem Mischgastauchgerät.

Am bekanntesten ist sicherlich der *Kampfschwimmer*. Für diese Laufbahn gibt es nicht viele geeignete Bewerber, denn die Anforderungen der Bundesmarine sind hoch. Der Kampfschwimmer erhält eine Einzelkämpferausbildung. Kilometerlange Schwimmstrecken in der offenen See bedeuten für ihn nichts Außergewöhnliches. Offensive Aufgaben sind das Anschwimmen, Antauchen und Vernichten feindlicher Objekte. Der Kampfschwimmer ist mit Naßtauchanzug, Maske und Flossen ausgerüstet. Als Atemgerät wird das Sauerstoff-Kreislaufgerät verwendet, welches keine verräterischen Luftblasen abgibt. Da mit einem solchen Gerät nur kurzfristig in Tiefen über 10 Meter getaucht werden kann, geht die Tendenz zum Einsatz von Mischgas-Kreislaufgeräten.

Gewerbliches Tauchen

Dieser Zweig der Taucherei stieg ab etwa 1960 vom Helmtauchen allmählich auf das schnellere, elegantere und kostengünstigere Schwimmtauchen um.
Ausgebildete Schwimmtaucher arbeiten für Taucher- und/oder Baufirmen und müssen vielseitig sein. Ihre Aufgaben sind Suche, Bergung, Sprengung, Reparatur, Bau und Schweißen unter Wasser. Getaucht werden darf nur unter Einhaltung der Auflagen der Berufsgenossenschaft. Die eingesetzten Taucher müssen über Leinen gesichert und geführt werden. Dies besorgt vom Boot oder von der Kaimauer aus der Signalmann, der selbst Taucher sein muß. Die Ausrüstung umfaßt meist Konstantvolumenanzug und DTG.
Unter den gewerblichen Tauchern gibt es spezialisierte Taucher. Hier wären zu nennen die in Industrie und bei Behörden arbeitenden Ingenieurtaucher, die allerdings nicht ständig tauchen. Ihre Aufgaben sind Beobachtung, Vermessung, Kontrolle und Fotografie von UW-Bauarbeiten und -Reparaturen.
Einer breiten Öffentlichkeit bekannt ist die Tätigkeit der Taucher auf den Bohrinseln der großen Ölgesellschaften. Hier werden von den Tauchern mit Abstand die größten Wassertiefen erreicht. 200 m sind keine Seltenheit. Möglich sind solche Tiefen nur durch eine aufwendige Technologie, die auch das Sättigungstauchen beinhaltet. Mittels absenkbarer Druckkammern werden die Taucher auf die entsprechende Tiefe gebracht, verlassen die Kammer am Einsatzort, werden für ihre Atmung mit auf die Tiefe abgestimmten Helium-Gasgemischen versorgt. Nach erledigter Arbeit (Reparatur, Verlegung, Kontrolle) erfolgt die Rückkehr in die Kammer. Diese wird hermetisch verschlossen. Die Taucher bleiben unter Druck, obwohl die Kammer nach oben gezogen wird. An Deck erfolgt die Einschleusung der Taucher ohne Druckverlust in die große, komfortabel ausgestattete Deckskammer. Hier verbleiben sie bis zu ihrem nächsten Einsatz. Mit dieser Methode wird die sonst normalerweise nach jedem Tauchen notwendige Entsättigung vermieden.

Anhang

Tauchsportabzeichen

Grundtauchschein

Neben den vom VDST organisierten Abzeichen wie *Junior Schnorchelbrevet* und *Deutscher Jugend-Sporttauchschein* ist es vor allem der *Grundtauchschein*, der sehr oft zum Abschluß eines Tauchkurses im Schwimmbad abgelegt wird.
Voraussetzung: Der Bewerber muß mindestens 12 Jahre alt sein und vor Beginn der praktischen Übungen eine gültige ärztliche Tauchtauglichkeitsbescheinigung nach den Richtlinien des VDST vorlegen. Empfehlung: Alle Übungen zu dem Grundtauchschein sollten im Schwimmbad oder einem den Schwimmbadverhältnissen entsprechenden Freigewässer durchgeführt werden.
Schriftliche Prüfung: Auf einem vom Tauchlehrer vorgelegten Fragebogen des VDST müssen innerhalb der dort angegebenen Zeit eine bestimmte Anzahl von Fragen beantwortet werden.

Schnorchelübungen

- 30 Sekunden Zeittauchen mit stetiger Ortsveränderung (ca. 10 Meter).
- 25 Meter Streckentauchen oder 20 Meter Streckentauchen mit Neoprenjacke und -hose.
- 3 x 3,5 Meter Tieftauchen in einer Minute.
- 20 Minuten Zeitschnorcheln, je 5 Minuten in Brustlage, Seitenlage, Rückenlage und mit einer Flosse, wobei insgesamt eine Strecke von mindestens 500 Meter zurückgelegt werden muß.
- Als Schnorcheltaucher 50 Meter weit zu einem Gerätetaucher schwimmen, der in ca. 3 Meter Tiefe liegt, diesen bergen und dann 50 Meter an der Oberfläche transportieren.
- 2 vorschriftsmäßige Sprünge mit kompletter Gerätetauchausrüstung aus ca. 0,5 Meter Höhe machen.

Geräteübungen

- Das Drucklufttauchgerät in 2,5 bis 3,5 Meter Tiefe ablegen, 10 Meter weit wegtauchen und auftauchen. Aus dieser Entfernung das Gerät antauchen, das Gerät anlegen und auftauchen.
- Unter Wasser eine Strecke von mindestens 50 Metern zurücklegen; die erste Hälfte davon unter Atmung aus dem Zweitautomaten des Partners, die zweite Hälfte unter angedeuteter Wechselatmung mit dem Partner. Der Bewerber gibt jedesmal dem Partner seinen Lungenautomaten in die Hand, ohne diesen loszulassen. Auf ausdrücklichen Wunsch beider Partner kann die Wechselatmung auch durchgeführt werden.
- Mit dem Gerät auf ca. 3 Meter Tiefe abtauchen, die Maske absetzen, eine Minute ohne Maske tauchen, dann die Maske aufsetzen und ausblasen. Anschließend das Gerätemundstück herausnehmen und langsam, unter Ablassen von Atemluft, aufsteigen.
- Mit kompletter Ausrüstung und Taucherweste/-jacket auf ca. 3 Meter Tiefe abtauchen. Taucherweste/-jacket mit Ausatemluft aufblasen, bis ein Schwebezustand hergestellt ist. In der Tiefe des Schwebezustandes 3 Minuten lang aus dem Drucklufttauchgerät atmen.
- 10 Minuten Tauchen in der Hälfte der Schwimmbadtiefe, dabei korrekte Beantwortung von 5 UW-Pflichtzeichen.
- 10 Minuten Schnorcheln in Brustlage mit dem Drucklufttauchgerät.

(aus: VDST-DTSA-Ordnung, herausgegeben vom Verband Deutscher Sporttaucher e. V., Stand Januar 1991)

VDST/CMAS T*/Bronze

Dieses Deutsche Tauchsportabzeichen erfreut sich großer Beliebtheit. Es wird von fast allen Tauchern angestrebt und abgelegt. Die Übungen werden größtenteils im Freiwasser durchgeführt. Das *T* Bronze* ist auf vielen Tauchbasen Voraussetzung, um an deren Tauchprogrammen teilnehmen zu können. (Weiterführende Abzeichen sind die *VDST/CMAS T** / Silber* und *VDST/CMAS T*** / Gold*, die hier aus Platzgründen nicht aufgeführt werden können.)
Voraussetzungen: Der Bewerber muß mindestens 14 Jahre alt sein und vor Beginn der praktischen Übungen eine gültige ärztliche Tauchtauglichkeitsbescheinigung nach den Richtlinien des VDST vorlegen.
Sonderregelungen: Bei Vorlage des Grundtauchscheines entfallen die schriftliche Prüfung und die Schnorchelübungen, wenn vom Beginn des Grundtauchscheines bis zum Abschluß des *T* / Bronze* nicht mehr als 15 Monate vergangen sind. Die Geräteübungen können während der Tauchgänge so oft geübt werden, bis der Bewerber sie sicher beherrscht. Es dürfen aber höchstens drei Tauchgänge an einem Tag gemacht werden.

Empfehlung: Der VDST empfiehlt die Teilnahme an einem Herz-Lungen-Wiederbelebungskurs (HLW-Kurs).
Schriftliche Prüfung: Auf einem vom Tauchlehrer vorgelegten Fragebogen des VDST müssen innerhalb der dort angegebenen Zeit eine bestimmte Anzahl Fragen beantwortet werden.

Schnorchelübungen

- 30 Sekunden Zeittauchen mit stetiger Ortsveränderung (ca. 10 Meter).
- 25 Meter Streckentauchen oder 20 Meter Streckentauchen mit Neoprenjacke und -hose.
- 3x3,5 Meter Tieftauchen in einer Minute.
- 20 Minuten Zeitschnorcheln, je 5 Minuten in Brustlage, Seitenlage, Rückenlage und mit einer Flosse, wobei insgesamt eine Strecke von mindestens 500 Meter zurückgelegt werden muß.
- Als Schnorcheltaucher 50 Meter weit zu einem Gerätetaucher schwimmen, der in ca. 3 Meter Tiefe liegt, diesen bergen und dann 50 Meter an der Oberfläche transportieren.
- 2 vorschriftsmäßige Sprünge mit kompletter Gerätetauchausrüstung aus ca. 0,5 Meter Höhe machen.

T*-Geräteübungen

Beschreibung der Übungen:	*Zweck der Übung: Der Bewerber soll zeigen,*
Tauchgang: 6–15 Meter Tiefe / mindestens 15 min Dauer / Gruppe mindestens 1 + Tauchlehrer	
- Tarieren mit dem Inflator in 3 unterschiedlichen Tiefen. - Geben von und Reagieren auf mindestens 5 Unterwasserpflichtzeichen.	daß er mit den technischen Hilfsmitteln tarieren kann daß er unter Wasser deutliche Zeichen geben kann und daß er auf die Zeichen anderer schnell und richtig reagiert.
Tauchgang: 6–15 Meter Tiefe / mindestens 15 min Dauer / Gruppe mindestens 1 + Tauchlehrer	
- Geschwindigkeitskontrolliertes Auftauchen aus maximal 10 Meter Tiefe mit 1 min Stopp in 3 Meter.	daß er während des Aufstiegs mit den technischen Hilfsmitteln tarieren kann.

Beschreibung der Übungen:	*Zweck der Übung: Der Bewerber soll zeigen,*
Tauchgang: 6–15 Meter Tiefe / mindestens 15 min Dauer / Gruppe mindestens 1 + Tauchlehrer	
– Aufstieg aus der maximalen Tiefe (vom Tauchlehrer bestimmt) unter angedeuteter Wechselatmung. Der Bewerber gibt dem Partner ca. 10mal seinen Lungenautomaten in die Hand, ohne diesen loszulassen. Auf ausdrücklichen Wunsch beider Partner kann die Wechselatmung auch durchgeführt werden.	daß er jederzeit bereit ist, für die Dauer von jeweils zwei Atemzügen des Partners, seinen Lungenautomaten aus dem Mund zu nehmen, daß er ohne seinen Lungenautomaten deutlich Luft aus dem Mund abläßt und daß er ohne Hektik den Regler wieder in seinen Mund nimmt.
– 10 Minuten mit vollständiger Ausrüstung an der Oberfläche in beliebiger Lage schwimmen.	daß er über ein Mindestmaß an Ausdauer verfügt.
Tauchgang: 6–15 Meter Tiefe / mindestens 15 min Dauer / Gruppe mindestens 1 + Tauchlehrer	
– Vor dem Tauchgang: korrektes Ausrüsten und Funktionstests. Nach dem Tauchgang: Versorgen der Ausrüstung.	daß er an alle notwendigen Gegenstände gedacht hat, daß der Sitz und die Lage der Gegenstände stimmen, daß alle Verschlüsse zu sind, daß alle Geräte funktionieren. Nach dem Tauchgang: Ventile zudrehen, Atemregler entlasten, DTGs hinlegen, Instrumente schützen.
– Einen aus dem Mund herausgenommenen, losgelassenen und hinter seinem Rücken hängenden Lungenautomaten «wiederangeln».	daß er in einer Notsituation, unter Anhalten der Luft, die Ruhe bewahrt und durch geschickte Bewegungen seinen Lungenautomaten wiederfindet.
– In 5 Meter Tiefe die Maske fluten und ausblasen.	daß er trotz stark behinderter Sicht und Kälteeinwirkung die Ruhe bewahrt und die Maske ausbläst.
Tauchgang: 6–15 Meter Tiefe / mindestens 15 min Dauer / Gruppe mindestens 1 + Tauchlehrer	
Der Bewerber nimmt im Abstand von 5 Metern zu seinem Partner den Lungenautomaten aus dem Mund, taucht zu ihm und atmet während des Tauchgangs 5 Minuten aus dem Zweitautomaten des Partners.	daß er bei Luftnot die Ruhe bewahrt und nicht zur Oberfläche, sondern zum Partner taucht, daß er bereit ist, zeitweise seine eigenen Wünsche zurückzustellen, und seine Bewegungen an einen Partner anpassen kann, ohne daß es zu Behinderungen kommt.

Beschreibung der Übungen:	*Zweck der Übung: Der Bewerber soll zeigen,*
Tauchgang: 6–15 Meter Tiefe / mindestens 15 min Dauer / Gruppe mindestens 2 + Tauchlehrer	
Bergen eines Gerätetauchers. Transportieren an der Wasseroberfläche und ans Ufer bringen.	daß er die wichtigsten Maßnahmen unter Wasser und an der Wasseroberfläche zur Bergung eines verunfallten Gerätetauchers durchführen kann.
Demonstration der Einhelfer-Methode.	daß er die unterschiedlichen Diagnoseverfahren und das Zahlenverhältnis von Herzmassagen zu Beatmungen kennt und diese anwenden kann.
Demonstration der Schocklage und der stabilen Seitenlage.	daß er die Lagerung eines Verunfallten durchführen kann.
Aufzählen nachfolgender Rettungsaktionen.	daß er weiß, wo das nächste Telefon ist, wie die Nummer des Notrufs ist, wie er den Unfallort beschreibt, wie er beschreibt, was passiert ist.

(aus: VDST-DTSA-Ordnung, herausgegeben vom Verband Deutscher Sporttaucher e. V., Stand Januar 1991)

Spezialkurse

Viele Taucher möchten, über die z. T. obligatorischen Tauchsportabzeichen hinausgehend, sich in speziellen Kursen für bestimmte Gebiete des Sporttauchens schulen lassen. Daher sind z. B. die *Spezialkurse* des Verbandes Deutscher Sporttaucher ein Angebot an jeden Taucher, sich eigenverantwortlich fortzubilden. Die Kurse sind eingebaut in den Ausbildungsweg und zum Teil auch Voraussetzung für die Teilnahme zum Erwerb von bestimmten VDST-Tauchsportabzeichen und -Tauchlehrerstufen.

Die Kurse werden als Seminare angeboten und beinhalten in der Regel *keine* Prüfung. Angeboten werden:

Nachttauchen, Wracktauchen, Tauchen mit Trockentauchanzügen, Unterwasser-Fotografie, Orientierung beim Tauchen, Tauchsicherheit und Rettung, Strömungstauchen, Sporttauchen in Meereshöhlen, Meeresbiologie, Süßwasserbiologie, Gewässeruntersuchung.

Für bestimmte Spezialkurse, wie z. B. «Wracktauchen», müssen die Teilnehmer als Voraussetzung eine gewisse Mindesterfahrung nachweisen. Dies kann ein Tauchsportabzeichen sein oder der Nachweis einer größeren Zahl von vorhergehenden Tauchgängen.

Adressen für den Notfall

Für den «Fall des Falles» sollte jeder Taucher einige wichtige Telefonnummern bei sich haben, um als Tauchpartner über die Erste Hilfe hinaus auch kompetente Rettungsorganisationen bzw. Behandlungszentren einschalten zu können.
Für Such- und Transportaufgaben die *Feuerwehr* über Notruf oder die
SAR-Leitstellen
02823/3333 oder 04631/511-475
anrufen.
Für die typischen Taucherunfälle «Deko» und «Lungenüberdruck» ist praktisch immer eine (schnellstmögliche) Behandlung in der *Druckkammer* erforderlich!

Druckkammeranlagen mit 24-Stunden-Bereitschaft/-Beratung:

Schiffahrtsmedizinisches Institut
der Marine
(Druckkammeranlage HYDRA 2000)
Kopperpahler Allee 120
24119 Kronshagen (bei Kiel)
Tel.: 0431/5409-1711 oder 1715
(Zentrale: 54090)

Institut für Hyperbare Medizin
und Tauchmedizin
(Freie Universität Berlin)
Clay-Allee 223
14195 Berlin
Tel.: 030/81004-1

St. Josef-Hospital-Laar
Ahrstraße 100
47139 Duisburg
Tel.: 0203/80010

Universitätsklinik Mainz
Langenbeckstraße 1
55131 Mainz
Tel.: 06131/17-0

Branddirektion München
(Feuerwache 5)
Anzinger Straße 41
81671 München
Tel.: 089/406655

Bundeswehrkrankenhaus Ulm
Oberer Eselsberg 40
89081 Ulm/Donau
Tel.: 0731/171-2285 oder 2286

DAN (Divers Alert Network)

Seit 1980 existiert diese Organisation, die sich «Sicherheit beim Tauchen» und «Tauchunfall-Management» als übergeordnetes Ziel gesetzt hat. Erreicht wird dies durch eine 24-Stunden-Hotline, durch einen Informationsservice und durch den Einsatz von tauchmedizinischen Spezialisten von DAN EUROPE und seinem weltweiten Netzwerk von nationalen und internationalen DAN Hotlines.

Wer die Vorzüge von DAN nutzen möchte, muß Mitglied werden. Damit ergeben sich u. a. folgende Möglichkeiten:

- 24 Stunden tauchmedizinische Notfallbereitschaft und Beratung über ein Netz koordinierter europäischer Fachzentren.
- Bei einem Tauchunfall im Heimatland gibt es Hilfe über die nationale Hotline, bei einem Unfall im Ausland muß die REGA (Rettungsflugwacht der Schweiz) als europäische Hotline angerufen werden. Sie ist viersprachig besetzt. Über eine Telefonschaltung erfolgt dann die Beratung des Tauchers mit einem Tauchmediziner seiner Muttersprache. Danach erfolgt die Alarmierung über die für den Unfall zuständige Hotline.
- Weitere Möglichkeiten für die Mitglieder: unbeschränkter allgemeiner medizinischer Transportdienst im Notfall über die internationale SOS Assistance, Abdeckung der Kosten für den Notfalltransport bei Tauchunfällen, für medizinisch-hyperbare Therapie und Krankenhausbehandlung für durch Tauchen bedingte Unfälle weltweit, spezielle freiwillige Versicherungsangebote für Sport- und Berufstaucher, für Tauchschulen und -zentren.

Weitere Informationen sind zu erhalten über:
DAN EUROPE, Dr. Ulrich van Laak, Eichkoppelweg 70, D-24119 Kronshagen, Tel.: 04 31 / 54 42 88

Druckluftflaschen sind Gefahrgut

Seit 1994 unterliegt Druckluft als verdichtetes Gasgemisch den Vorschriften der «Gefahrgutverordnung Straße» (GGVS). Damit ergeben sich Konsequenzen für die Beförderung der Flaschen z. B. im Pkw. So müssen die Druckluftflaschen mit einem *Gefahrzettel Nr. 2* (Gasflasche, schwarz oder weiß auf grünem Grund, kleine Ziffer «2» in der unteren Ecke) gekennzeichnet sein. Die Gefäße für Gase (auch Druckluft) müssen so verschlossen und dicht sein, daß ein Entweichen von Gasen ausgeschlossen ist. Die Verschlußventile müssen wirksam mit Schutzkappen geschützt sein. Auf die Kappe kann verzichtet werden, wenn die Druckluftflaschen in Schutzkisten verpackt befördert werden. Druckluftflaschen müssen in den Fahrzeugen so verstaut werden, daß sie nicht umkippen oder herabfallen können!

Anschriften von Tauchsportorganisationen

Verband Deutscher Sporttaucher e. V.
(VDST-Tauchsport-Service GmbH)
Tannenstraße 25
D-64564 Mörfelden-Walldorf
Tel.: 06105/74547
Fax: 06105/76349

United Diving Instructors (UDI)
Spöckweg 10
D-76646 Bruchsal

National Association of Underwater Instructors
(NAUI)
Hernrother Straße 39
D-63303 Dreieich

Barakuda International
Aquanautic-Club
Borbecker Straße 238
D-45355 Essen

Verband Deutscher
Tauchlehrer e. V. (VDTL)
Moislinger Allee 8
D-23558 Lübeck

Fachverband staatlich geprüfter
Tauchlehrer e. V. (FST)
Linkstraße 106
D-80933 München

Verband Internationaler
Tauchschulen e. V. (VIT)
Schlierseestraße 5
D-81541 München

Verband Europäischer
Tauchlehrer (VETL)
Monheimer Straße 1 a
D-86633 Neuburg/Donau

Diving Instructor World Association
Europe Office (DIWA)
P. O. Box 390
CH-4012 Basel

Professional Association of Diving
Instructors für Europa (PADI)
P. O. Box 45
CH-8442 Hettlingen

Literaturhinweise

Corneli, H. / Koffka, A.: Faszination Süßwasserwelt. Würzburg 1992
Debelius, H.: Unterwasserführer Rotes Meer. Fische. Stuttgart 1987
Frei, H.: Nikonoshandbuch. Stuttgart 1990
Göthel, H.: Farbatlas Mittelmeerfauna. Niedere Tiere und Fische. Stuttgart 1992
Mioulane, P. / Sakuquet, R.: Tauchparadiese (Bildband). München 1993
Stibbe, A.: Sporttauchen. Stuttgart 1994
Tauchbasen der Welt. Internationales Adreßbuch für Sporttaucher. Stuttgart 1994

Tauchsportmagazine

«tauchen» (Internationales Unterwasser-Magazin). Jahr-Verlag GmbH & Co., Jessenstraße 1, D-22767 Hamburg (erscheint monatlich)
«Sporttaucher». Verlag Max Schmidt-Römhild, Mengstraße 16, D-23552 Lübeck (erscheint monatlich)
«Aquanaut» (Reisemagazin f. Taucher). Jahr-Verlag GmbH & Co., Jessenstraße 1, D-22767 Hamburg (erscheint ab 1995 10mal im Jahr)
«UWF – Unterwasserphotographie» (Magazin für Unterwasserfoto, -film und -video). Olympia Verlag, D-90327 Nürnberg (erscheint vierteljährlich)

Der Autor

Erhard Schulz, Jahrgang 1939, begann 1956 mit dem Sporttauchen und trat ein Jahr später einem der ersten Tauchclubs in der Bundesrepublik, der Tauchgruppe Kiel, bei. 1963 gründete er den Deutschen Unterwasser-Club Kiel und war bis 1973 dessen Vorsitzender. 1964 rief er die Norddeutschen Tauchmeisterschaften und drei Jahre später die Deutschen Meisterschaften im Freiwassertauchen ins Leben. Im Zeitraum von 1967 bis 1972 legte er alle Ausbilderprüfungen im Rahmen des VDST (Verband Deutscher Sporttaucher e. V.) ab.

1974 bestand er die höchste Stufe der VDST-Tauchlehrerprüfung an der französischen Atlantikküste. Ab 1980 war er Ausbildungsleiter des Tauchsport-Landesverbandes Schleswig-Holstein.
Die Ausbildung und Prüfung von Tauchern und Tauchlehrern als Instrukteur und Mitglied der Prüfungskommission für Tauchlehrer des VDST kennzeichnen seine jetzige tauchsportliche Tätigkeit.

Im und auf dem Wasser

Schwimmen
von Werner Freitag
(rororo sport 7003)

Anfängerschwimmen
von Kurt Wilke
(rororo sport 7032)

Schwimmsport-Praxis
Offizielles Lehrbuch des DSV
herausgegeben von Kurt Wilke
(rororo sport 8608)
Ein Buch für Übungsleiter, Trainer, Sportlehrer und Autodidakten mit konkreten Anleitungen, praktischen Hilfen und Übungssammlungen zum Lehren, Lernen, Üben und Trainieren aller schwimmsportlichen Disziplinen.

Wassergymnastik
von Karen Beigel / Andreas Brinckmann
(rororo sport 8639)
Dieses Buch stellt ein umfassendes und vielfältiges Angebot vor und bietet für jeden etwas: sanfte Beweglichkeitsübungen, Powergymnastik als Fitnesstraining, schwimmerische Ausdauergymnastik, Spaß und Geselligkeit bei vielseitiger Belastung u.v.m.

Aqua -Training
von Margot Zeitvogel
(Großformat)
(rororo sport 8698)

rororo sport

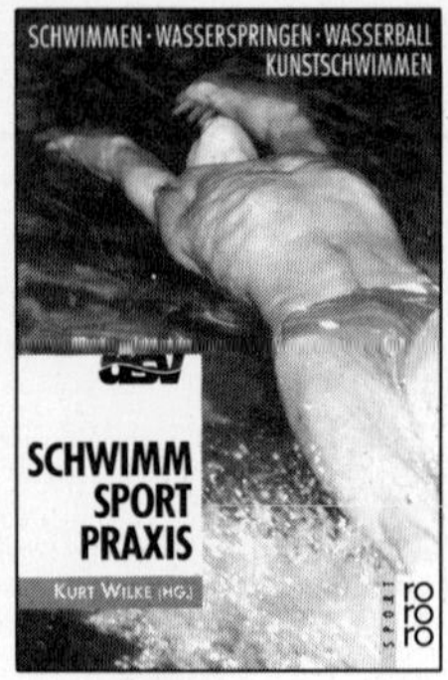

Tauchen
von Erhard Schulz
(rororo sport 9418)

Segeln
von Horst Schlichting
(rororo sport 8643)

Rudern
von Walter Schröder
(rororo sport 7010)

rororo sport wird herausgegeben von Bernd Gottwald. Ein Gesamtverzeichnis der Reihe finden Sie in der *Rowohlt Revue*. Jedes Vierteljahr neu. Kostenlos. In Ihrer Buchhandlung.

3424/4